怎么说 孩子才会听

如何听 孩子才肯说

牛牛爸爸 编著

民主与建设出版社
· 北京 ·

© 民主与建设出版社，2019

图书在版编目（CIP）数据

怎么说，孩子才会听；如何听，孩子才肯说 / 牛牛爸爸编著 . — 北京：民主与建设出版社，2018.11
ISBN 978-7-5139-2342-2

Ⅰ . ①怎… Ⅱ . ①牛… Ⅲ . ①家庭教育 Ⅳ . ① G78

中国版本图书馆 CIP 数据核字 (2018) 第 254865 号

怎么说，孩子才会听；如何听，孩子才肯说
ZENMESHUO HAIZICAIHUITING RUHETING HAIZICAIKENSHUO

出 版 人	李声笑	
编　　著	牛牛爸爸	
责任编辑	王　倩	
装帧设计	润和佳艺	
出版发行	民主与建设出版社有限责任公司	
电　　话	（010）59417747　59419778	
社　　址	北京市海淀区西三环中路 10 号望海楼 E 座 7 层	
邮　　编	100142	
印　　刷	大厂回族自治县彩虹印刷有限公司	
版　　次	2019 年 6 月第 1 版	
印　　次	2019 年 6 月第 1 次印刷	
开　　本	880mm×1230mm　1/32	
印　　张	7	
字　　数	140 千字	
书　　号	ISBN 978-7-5139-2342-2	
定　　价	42.00 元	

注：如有印、装质量问题，请与出版社联系。

序言
PREFACE

一封粉丝妈妈的来信

周末的讲座刚刚完毕，我正要睡觉，忽然"叮"的一声，一封电子邮件弹了出来。我打开邮件，原来是一位妈妈的来信。信中她告诉我，她的儿子现在读小学二年级，虽然成绩不算突出，但是个听话的孩子。因为自己工作比较忙，每天回到家已经七八点了，再加上做饭、收拾屋子，所以跟孩子交流的时间几乎被挤没了。之前不觉得这样会造成什么问题，可是最近的一次谈话让她发现，自己和儿子之间竟然产生了沟通问题。

我们来看一下信中的对话：

孩子："妈妈，老师留作业让我们写日记。"

妈妈："嗯，写日记是个好习惯。"

孩子："可是我不知道写什么啊。"

妈妈："昨天我们不是去看画展了吗？你可以写写。"

孩子："那没什么好写的。"

妈妈："怎么会？你觉得画展不好看吗？"

孩子："对啊，一点儿意思都没有，还不如在家里看动画片。"

妈妈："没关系，不好看就不好看，写你真实的想法就好了。"

孩子边写边嘟哝道："昨天，我和妈妈一起去看了画展，我觉得一点儿也不好看。好，写完了。"

妈妈："等等，你这就写完了？"

孩子："对啊，老师说至少写三句，我写了三句了！"

妈妈："你这分明只有一句好不！"

孩子："'昨天'一句，'我和妈妈一起去看了画展'一句，'我觉得一点儿也不好看'一句。"

妈妈："逗号不算一句话！"

孩子："算，老师说的算！"

妈妈："你这是在敷衍！"

孩子："我以前也是这么写的！"

……

后来因为这个问题，这位妈妈和孩子吵了起来。她对我说，类似这样的对话最近越来越多，让她有一种无力感，因为她根本不知道该怎样去和孩子沟通。

作为父母的你，在和孩子沟通、交流的时候，是否也会像这位妈妈一样有些许的无力感呢？是否常常感到你们的对话不在同一个频道？比如，想拒绝孩子的无理要求，却不知道怎么说合适；想说点掏心窝子的话，却发现孩子心不在焉，对你的夸奖毫不在意；想教育孩子，帮孩子改正问题，却发现孩子根本听不进去，甚至嫌你太唠叨；想关心一下孩子，却发现孩子宁可把心事闷在心里，或是向好朋友倾诉，也不愿意向你倾诉半句……

可以说在沟通这件事上，90%的父母都有过类似的经历：无论我们怎么说，孩子总是把我们的话当成耳旁风，于是我们唠叨、说教、批评、指责，然而孩子不仅不愿意听，还顶嘴、争辩，举起了反抗的旗帜。而当我们幡然醒悟，决定静下心来好好倾听时，孩子却闷声不说了。莫非，这就是传说中的代沟？

很多父母都把这些沟通问题归结于代沟，甚至有些不明所以的父母还会归结于"孩子的天性如此"，即孩子天生不听话。其实，大多数父母无形中夸大了代沟给亲子关系带来的影响，并且孩子也不是天生不听话，因为有句话说得好："没有不听话的孩子，只有不会说话的父母。"所以，与孩子之间的种种矛盾和问题，归根结底还是沟通问题，即缺乏基本的沟通态度和技巧。

比如，我们常常告诫自己要倾听孩子的心声，可是我们并不是一个合格的倾听者：耳朵在听孩子说话，眼睛却不离开手机、电脑、电视；孩子兴致勃勃地讲述，我们却用"嗯""好""哦"之类的简单词语随口敷衍；没等孩子陈述完一件事，我们就马上打断，不分青红皂白地开始批评……我们怪孩子不说，孩子怪我们不听。其实，这都是因为我们没有用心去听。

如此看来，与孩子沟通真的是一门学问。当然，亲子沟通也是家庭教育中最基本、最重要的内容。为此，本书主要围绕"怎么说"和"如何听"两个主题，结合现代家庭教育中常遇到的问题，分别从引导孩子与人合作、纠错批评、赏识教育等方面入手，再辅以态度、时机、措辞等沟通细节，讲述父母与孩子沟通的细节和技巧。希望能帮助父母开启孩子的心灵世界，搭建与孩子的沟通之桥。

最后，希望所有阅读本书的父母都能记住这样一个道理：父母懂得说，孩子才会听；父母会倾听，孩子才愿意倾诉。

目录
CONTENTS

上篇

说话有技巧，打开
与孩子
沟通的正确方式

没有不听话的孩子，只有不会说话的父母

在孩子还未出生之前，我们就为孩子准备好了大量的必备物质，等孩子出生后，我们又着手为孩子设计美丽的蓝图——听话、懂事、学习棒，以期孩子朝着我们期望的方向成长。然而，大多数时候事与愿违，于是我们不禁摇头叹息，唠叨埋怨："现在的孩子怎么了？总是跟家长对着干！"真是现在的孩子不听话吗？真是现在的孩子不好管教吗？当然不是！其实，没有不听话的孩子，只有不会说话的父母。孩子不听话，往往是父母自身出了问题。

不是孩子不听话，是我们不会表达

所有的父母都希望自己能在孩子面前树立起威信，希望自己说出的话、发出的命令能在孩子那里起作用。然而很多孩子就是不给父母这个面子，甚至公然与父母对抗：哭闹、耍赖、顶嘴、发脾气……很多父母被孩子折腾得精疲力竭、头昏脑涨。于是，在很多父母眼里，"不听话"便成了坏孩子的代名词，而孩子不听话也成了父母的一块心病。

可是，为什么有的孩子乖巧懂事，而有的孩子则变成了不折不扣的"熊孩子"呢？其实，除了教育方式的差别外，很大程度上还和我们的说话方式有关。

在散漫的灯光下，妈妈轻轻地翻开笔记本，回头看了看已经进入梦乡的女儿，然后在笔记本上写下了这样一句话："有时候不是孩子不听话，而是我们不会表达，不会说话罢了。"为什么妈妈会有这样的感慨呢？这要从当天下午的一件小事说起。

"歆歆，待会儿去公园吗？听说今天公园有花卉展览，很漂亮呢。"妈妈一边把桌子上的果皮扔进垃圾桶里，一边说。

"好呀。"歆歆最喜欢这样的热闹场景，于是开心地答应了。

"那你先去把作业写了吧，妈妈收拾好家务咱们就出发。"

"嗯，好。"

小家伙满口答应着，跑去写作业了。可是还没一盏茶的工夫，歆歆就"哒哒哒"地跑到妈妈面前，拉着妈妈的手说："妈妈，妈妈，我们走吧，我作业写完了。"

"这么快？"妈妈有点怀疑地去检查歆歆的作业。妈妈翻开歆歆的作业本，前面几页的文字写得整整齐齐，而翻到当天的作业时，妈妈的脸色立马沉了下来，只见作业本上的文字歪歪扭扭的，一看就是为了赶时间应付写完的。

"你看看你自己写的，能认得出来吗？这叫敷衍了事，去重写一遍！"妈妈指着作业本上的文字生气地说。

歆歆小脸憋得通红，低着头沉默不语，过了几秒突然冲妈妈大声喊："妈妈，您不是说写完了就可以去公园吗？我写完了，现在就要出去玩！"

"你是写完了，可这写的什么，你能认得吗？"妈妈被小家伙的倔脾气气坏了，把作业本重重地扔到桌子上，给歆歆讲起道理来，什么"学习就要有学习的态度""不能敷衍了事，马马虎虎"

之类的。歆歆低着头，抠着手指头，不回答，也不辩解。看着歆歆一脸委屈的样子，妈妈有点心疼了，意识到自己说得有点过分了。

妈妈缓和了一下糟糕的情绪，蹲下身子，用平和的口吻说："歆歆，妈妈知道你很想快点完成作业，这样就能快点去公园了，对不对？"

对于妈妈突然温和的态度，歆歆很意外，她抬起头看了看妈妈，轻轻地点点头。

"妈妈能理解你急迫的心情，可是我们应该把自己手头的工作做好，这样才能痛痛快快地玩耍，否则你一边玩一边还想着作业的事，多影响心情呀，你说呢？"

"嗯，妈妈，您说得对，我应该认真写作业。"歆歆一改沉默的态度，竟然主动认了错。

"那现在妈妈陪你把作业重写一遍好不好？"

"嗯，好，这回我会认真写的，写完我们再去公园。"

"嗯，好，写完我们就去。"

看到孩子马马虎虎完成作业，妈妈十分生气，先数落了孩子，可是发现并没有什么效果，反而影响孩子的心情。于是，妈妈很快调整了自己的情绪，试着去认同孩子的感受，并让孩子认识到，妈妈是理解她的感受的。渐渐地，孩子的情绪得到了稳定，也愿意和妈妈交流了，而且让妈妈意想不到的是孩子竟然主动认了错。

其实，没有不听话的孩子，只有不会说话的父母。很多父母能说会道，可是一旦面对孩子的时候却不会说话了，这是因为他们爱子心切，总是容易被心里的急、怨、恨等情绪困扰。"急"，即因为孩子没有达到大人的期望而着急；"怨"，即埋怨孩子不听话；"恨"，则是对孩子恨铁不成钢。于是，他们对孩子说话的时候很容易口不择言，怎么解气怎么说，结果孩子要么听得不耐烦，要么被伤得很惨。

由此可见，语言的力量是无穷的，而父母的语言则是雕琢孩子最锐利的刻刀。如果我们掌握了说话的技巧，则能在很大程度上减少孩子对自己教育的逆反和对抗，孩子就会变得听话，并向我们期望的方向努力和成长。

交流要走心，把话说到孩子的心坎里

大部分人天天都在说话，可是又不会说话，尤其是那些幸福指数不高的家庭，通常父母双方都欠缺一定的沟通能力。而如果我们回想一下自己热恋的时候，是怎么跟对方说话的呢？是不是尽量让自己的话悦耳，让对方听着舒服，以此打动对方的心呢？同样，如果想让孩子听话，我们就必须保证自己说话的效果，把话真正说到孩子的心坎里去。

孩子一脸沮丧地走进家门，无力地躺在沙发上，对着正在厨房忙碌的妈妈委屈地说："妈，我今天好倒霉，把新买的耳机弄丢了。"

"你这孩子经常丢三落四，怎么丢的？"

"上体育课的时候，我怕耳机放兜里压坏了，就把它连同外套一起放在了球场边的台子上，结果下课的时候就找不到了。"

"怎么这么不小心，问同学了吗？去失物招领处看了吗？"

"我之前也这样啊，就没丢过……"

"你这孩子，跟你说了多少遍了，要把自己的东西看好。总是丢三落四，下回该把自己丢了。"

"妈，您别说了，我已经够烦的了。"

"说你还不是为了让你长记性，这么大了还让人操心……"

孩子捂着耳朵跑回了自己的房间。

看得出孩子的心情很不好，刚一到家就噼里啪啦地向妈妈大吐苦水。如果把孩子的苦水来个慢镜头，我们就不难发现，孩子是在倾诉，同时也是在表达自己的情绪。可是这位妈妈并没有理解孩子的坏心情，反而埋怨孩子丢三落四，对孩子一顿数落。而如果妈妈能换一种方式说话，把话说到孩子的心坎里，这次的谈话将会更有意义。

孩子一脸沮丧地走进家门，无力地躺在沙发上，对着正在厨房忙碌的妈妈委屈地说："妈，我今天好倒霉，把新买的耳机弄丢了。"

"嗯，是够悲催的，在哪儿丢的？"妈妈放下手里的活儿回应。

"在体育课上，我把耳机和外套一起放在了球场边的台子上，结果下课的时候就找不到了。"

"噢，原来是这样……或许是同学捡了去，你可以去失物招领处看看，或许能找到呢。"

"我去了，也问了同学，结果还是没找到。"

"嗯，妈妈很理解你难过的心情，上次妈妈不小心把新买的围巾弄丢了，也很伤心，所以出去的时候一定要看好自己的东西，不能大意了。"

"嗯，以后我一定会注意的。"

当孩子向妈妈倾诉心中的委屈时，妈妈放下了手里的活儿，积极回应孩子，让孩子立刻感受到自己被关注了。孩子在倾诉的过程中，妈妈没有责怪孩子丢三落四，而是试着去给孩子一些教导和建议，还把自己丢东西的经历拿出来讲，有效地缓解了孩子的悲伤情绪，并借着自己的经历告诉孩子一些道理，孩子很愉快地接受了。

把话说到孩子心坎里是一种艺术。在与孩子交流时，有的父母看似口若悬河、滔滔不绝，可是其中有效的话语少得可怜，往往是洋洋洒洒一大堆，却说不到孩子心里去。比如，很多父母在和孩子交流时都想当然地犯了一个错误，即不停地说，根本不在乎自己的话是否具体，孩子是否爱听，是否肯听。所以，想要把话说到孩子心坎里，势必要掌握一些技巧和方法。

比如，父母要学会放低自己的姿态，走进孩子的世界，和孩子融成一片；在平时要和孩子密切相处，了解孩子的想法和需要；多关心孩子，注意孩子的反应和情绪；把握与孩子说话的时机；注意运用适当的语气与声调；避免喋喋不休、唠叨不断；等等。

总之，和孩子交流的时候，相比讲道理，更重要的是心灵的沟通。要知道和谐的亲子关系一定是建立在爱的基础上的，而不是站在比孩子更高的高度和立场上去教育孩子。虽然"国有国法，家有家规"，但请记住，唯有走心才能真正走进孩子的世界，让孩子更听你的。

管好自己的嘴，少说、不说更有效

有些父母对孩子的教育很得法，可有些父母的教育方法显然不妥，但是这些父母却浑然不知，一味地抱怨"我家孩子就是不听话""我们管不住他""天生的熊孩子"……

其实，孩子不听话或出了问题，我们首先要从自身找原因，而不能一股脑地把责任都推到孩子身上。比如很多孩子不听我们的劝告，不听我们的教导，我们要想一想，是不是我们的教育方式出了问题，例如总是管不住自己的嘴，整天唠唠叨叨。

一位家教工作者曾讲过这样一件事：

在一次亲子交流座谈会上，一位妈妈向我诉说了她的烦恼："孩子现在刚上小学二年级，小毛病却一大堆，比如做作业拖沓，不爱干净，做事马虎。我苦口婆心想要让孩子改掉，可是他却嫌我唠叨，根本不听我的。尤其是最近，他因为一直贪玩，数学成绩亮了红灯，我唠叨了他几句，他竟然跟我顶嘴，我唠叨还不是为他好……"

从这位母亲的话里我听出了她对孩子的那份疼爱和担心。与此同时，我听到最多的一个词是"唠叨"，于是我问她："您知道在您的讲述中除了'孩子'这个词外我听到次数最多的一个词是什么吗？"

起初，这位母亲丝毫没有意识到自己的问题，直到她回想她刚才说的话，她才恍然大悟："是'唠叨'。"

"对，就是'唠叨'，换句话说就是您管不住自己的嘴巴。试想一个人经常附在您耳边，对您唠唠叨叨，又是批评又是教导，您会不会反感呢？"

"会吧。"这位母亲想了想，认真地说。

"所以要想解决目前的问题，首先您要管好自己的嘴。"

"可是我怕管不住自己。"

"那这样，从回家开始，一个星期之内不要和孩子说一句话，只要忙自己的事情就可以了。"

听到我这么说，这位妈妈有点迟疑，好在最后还是采纳了我的建议。一个星期一晃而过，周日的下午，我接到了这位妈妈的电话，在电话里她兴奋地告诉我，自从不和孩子说话了，孩子竟然主动和她沟通起来，甚至还问她为什么不跟他说话了，是不是什么事惹她生气了。我听了她的讲述，很是欣慰，对她说："所以说得太多，不顾及孩子的感受是不对的，这样很容易让孩子反感，而你一旦不说话，反而会激起他的自觉性和积极性。"

很多时候，孩子之所以不愿意听，就是因为我们管不住自己的嘴，不是说多了就是说错了，让孩子感到厌烦，对抗、逆反随之产生。面对孩子的不听话，我们又会给予还击，于是更加唠叨，甚至指责孩子，由此便形成恶性循环，什么问题也解决不了，而我们与孩子的沟通也会越来越困难。

如果你也有这样的困扰，那么从现在开始就要管住自己的嘴。具体该怎么做呢？首先，要学会控制自己的情绪，不要带着消极的情绪教导孩子。其次，当自己有负面情绪时，暂且离开孩子，转移注意力去做其他的事，借此管住自己的嘴巴。当然，管住自己的嘴并不是什么话都不说。那么，哪些话该说，哪些话不该说呢？下面是几点小建议：

（1）说了也没用的话一定不说。

（2）会影响情绪的话当时不说，以后找机会说。

（3）能不说的话一定忍住不说。

（4）需要说的话，要提前备好课，想清楚再说。

总之，很多时候，管住我们的嘴，少说甚至不说更有用。比如，当孩子犯了错时，不搭理他，冷落他一下，可能比理直气壮地训斥更有效果。

拒绝"尬聊"，做会聊天的父母

在很多父母看来，与孩子聊天是"闲事"，教孩子学习知识才是正事。其实我们经常忽略的、习以为常的"聊天"，正是一种很好的教育孩子的手段。会聊天的父母往往能寓教于乐，在愉快的聊天中让孩子接受自己的教导。不过，并非所有的父母都会和孩子聊天，瞧瞧下面这位妈妈，或许你能从她身上找到自己的影子。

一阵阵扑鼻的香气从厨房传来，不一会儿，一桌子可口的饭菜端上了餐桌。妈妈夹起一块胡萝卜，放到了孩子的碗里，用溺爱的目光看着孩子说："来，多吃点胡萝卜，对身体好。"

"妈妈，我不爱吃胡萝卜，难吃死了。"

"胡萝卜多好吃啊，怎么会难吃呢，而且里面富含胡萝卜素，吃了对身体有好处，你不许挑食！"

孩子沉默不语，吃了两口，说："妈妈，我吃饱了，我去玩了。"

"怎么才吃这么点儿？碗里的还没吃完呢！你知道这样是在浪费粮食吗？……"

……

孩子都有不同程度的挑食、偏食的毛病，在这个场景中，我们看到孩子抗拒吃胡萝卜，而妈妈则一味地向孩子灌输胡萝卜好吃、健康的大道理，如果我们脑补一下，很可能"谁知盘中餐，粒粒皆辛苦"的道理都要摆上来了。可是我们也能想象，孩子一定听不进去，甚至还会觉得妈妈唠唠叨叨真烦。而会聊天的父母则是另一种说法，我们来看一下：

妈妈夹起一块胡萝卜，放到了孩子的碗里，用溺爱的目光看着孩子说："来，多吃点胡萝卜，我觉得挺好吃的。"

"妈妈，我不爱吃胡萝卜，难吃死了。"

"难吃吗？你不喜欢它的口感还是味道？"（不否定，先认同孩子的感受）

"味道，我觉得胡萝卜有股味道，特别难闻。"

"妈妈以前也不太喜欢，后来听说多吃胡萝卜对眼睛有好处，慢慢就吃得多了。"（表达自己的赞同，并告诉孩子自己的看法）

"是吗？不过我觉得还是放汤里好吃些。"孩子用勺子舀起一块胡萝卜边吃边说。

"嗯，那下次放排骨汤里怎么样？"妈妈建议。

"嗯，那样最好了。"孩子欣然地点头同意，愉快地把碗里的饭菜吃完了。

我们来看这两组对话，妈妈的用意都是好的，都是希望孩子多吃蔬菜，不要挑食。可是，在前一组对话中，妈妈急于纠正孩子挑食的毛病，对孩子唠唠叨叨，结果孩子并没有因此顺从地多吃一些胡萝卜，反而厌烦地结束了聊天；而在第二组对话中，妈妈先是询问孩子不喜欢吃胡萝卜的原因，接着接纳了孩子的感受，表达了自己的赞同，然后把自己的看法告诉给孩子，最后孩子在妈妈的引导下，愉快地享受了晚餐。我们相信，在妈妈的不断教导下，孩子一定会慢慢地喜欢吃胡萝卜。

　　我们发现，很多不会聊天的父母在和孩子聊天时，总是急于下结论，或急于否定孩子的感受和观点，甚至对孩子唠唠叨叨，期望孩子能听大人的话，就像第一组对话中的妈妈那样。可是事实上，这样的聊天方式孩子并不喜欢，甚至会产生反感，而如果我们能掌握一些聊天技巧，则能创造一种轻松、愉快的聊天方式。

　　比如，在聊天的过程中要做到互相尊重，而不能以一种居高临下的态度和孩子聊天；不要先入为主，急着否定孩子的想法和感受，而是要试着去理解并接纳孩子的感受；试着表达自己的看法，并将教育性的话语很好地隐藏在聊天中；等等。

斗智斗勇：让孩子瞬间听话的五个小妙招

与孩子相处的过程其实也是一个斗智斗勇的过程，除了常规的说话技巧外，还需要我们掌握一些简单、实用的招数。以下是颇为实用的一些小技巧，希望大家把它们抄写下来，贴在自己能经常看到的地方，时不时"温故而知新"，这样在与孩子斗智斗勇的时候就能灵活运用了。

现在请准备好纸和笔，认真阅读以下内容，并把这些小技巧的标题抄写下来，然后试着去运用。

第1招：给孩子指派任务

有时候孩子不是故意要捣乱，故意不听话，而是实在没事可做，所以才在房间里跑来跑去。如果孩子有事可做，没空捣乱，通常会安静、乖巧很多。

比如，妈妈在打扫房间，孩子在房间里跑来跑去，这时不妨给孩子指派一些任务："宝贝，帮妈妈拉一下窗帘。""宝贝，擦桌子的布找不到了，你帮妈妈找一下吧。""妈妈一个人忙不过来，你帮妈妈把衣服叠一下吧。"这样不仅能让孩子不再乱跑乱跳，还能让孩子刷刷自己的存在感，感觉自己棒棒的。

实践效果：_____

_____

第2招：给孩子出选择题

有时孩子不想配合我们的工作，不听我们的话，是因为孩子想表达自己的想法，这时不要强迫孩子按我们的想法来做，而是应该试着给孩子一些选择的机会，让他自己去选择。

比如，很多孩子非常抗拒洗脸，这时不妨问一下他："你是要爸爸帮你洗，还是要妈妈帮你洗呢？"通常孩子很容易被绕进这样的选择里，回答说："我要爸爸（或妈妈）洗。"

实践效果：_____

_____

第3招：学会反话正说

我们总是习惯对孩子说"不许看电视""不许吃零食""不许讲脏话"……不许孩子这样，不许孩子那样。"不许"说得多了不仅没有效果，还会引起孩子的反感，为此我们不妨换一种方式说，告诉孩子希望他怎么做。

比如，想让孩子放下手机时，不要说："不要再玩手机了，听到没？"而是应该说："玩了一会儿手机了，来休息一下吧，我们来做个游戏。"这样说的话，孩子就会积极配合我们。

实践效果：_____

_____

第4招：用孩子所喜欢的吸引他

每个人都不希望被人强迫做自己不喜欢的事，孩子也一样，所以对于大人的命令、要求，孩子发点脾气也正常。不过，任由孩子闹情绪是不可取的，我们不妨换个思路，用孩子所喜欢的吸引他，比如孩子喜欢的玩具、食物，或是孩子喜欢做的事。

比如，孩子赖在床上不肯起来，这时如果说："再不起来，我就要去掀被子了！"想必这样的话没多大效果，而如果换成："宝贝起来喽，我们要逛街去了，如果你不起来，我和爸爸先走啦。"小孩子通常喜欢热闹，喜欢逛街，这时就会迫不及待地从床上起来。

实践效果：_____

_____

第5招：学会用行动说话

有时孩子会把我们的话当成耳旁风，这时不妨用行动说话，给孩子一个教训。

—————————— 第一章 没有不听话的孩子，只有不会说话的父母比如，孩子不好好吃饭，把食物丢到了地上，这时我们可以平静地告诉他："食物是用来吃的，不是用来玩的，如果你再把食物丢到地上，我就把盘子撤走。"如果孩子继续顽皮，直接采取行动即可。

实践效果：＿＿＿＿＿＿＿＿＿＿＿＿＿＿＿＿＿＿

＿＿＿＿＿＿＿＿＿＿＿＿＿＿＿＿＿＿＿＿＿＿＿＿＿

引导孩子合作，吸引孩子与我们合拍

我们常常期望孩子听我们的，跟我们合作，可是往往事与愿违，孩子有时不仅不听我们的，甚至还会把我们视为敌人。原因是什么呢？用孩子的话来说，我们总让他做他不想做的事情，不让他做他想做的事情。对于这样的解释，我们很可能会暴跳如雷，歇斯底里地喊："不要找理由，你就得按我说的去做！"而孩子也不服气，冲着我们喊："我愿意干什么就干什么！"于是，争吵开始了。那么，为什么不尝试着引导孩子，吸引孩子与我们合作呢？

建议比命令更有效

作为父母，我们经常习惯摆架子，对孩子呼来唤去，用命令的口吻和孩子交流："去把我的包拿来！""不许把果皮扔到地上！""听着，不要玩了，赶紧去写作业！""把你的玩具收拾好，如果10分钟后我看到你没动静，有你好看的！"……

多数情况下，孩子会选择服从命令，但是作为大人的你，是否想过这样一个问题：孩子会发自内心地和我们合作吗？大多数时候，答案是否定的，孩子表面上的服从，很可能只是一种习惯性的条件反射，然而在孩子的内心深处却对你的命令抗拒、反感不已。等到孩子的自主意识、反抗意识和反抗能力变得足够强时，这些命令也就失去了效力。

与此相反，如果我们用建议代替命令，孩子就会更愿意听从，更愿意和我们合作。一位母亲分享了她成功运用这一技巧的经验：

一直以来我都对孩子管得太细、太严了，经常使用命令式的口吻和他说话，以为这样就能教出一个听话的孩子。结果有一段时间我发现，孩子开始抗拒我了，我叫他往东，他偏往西，总是与我作对。

我意识到我必须做出改变，否则我们的亲子关系可能更糟糕。于是我开始试着用建议式的口吻和孩子说话。比如，当我想让孩子学着做家务时，不会再命令他："去帮妈妈把碗刷了。"而是会说："妈妈现在有点忙，你能不能帮妈妈把碗刷了？"再比如，孩子做作业不积极，而且总是在饭后沉迷于电视，我以前会命令他："马上把电视关了，去写作业。"而现在，我会给他一个建议："爸爸在休息，看电视会打扰他的，你先去完成作业怎么样，这样看电视也看得踏实，不用总想着作业的事。"

总之，我尽可能地用平和的语气给他一些建议。渐渐地，我发现，孩子不再与我对抗了。我想孩子之所以能做出这样的改变，是因为多次的经验告诉他，我的建议对他是有好处的。

为什么用建议代替命令会有这样大的作用呢？一方面，相对于居高临下的命令，给孩子建议是一种平等、尊重的沟通方式。用建议式的口吻引导孩子和大人合作，会让孩子觉得父母是在跟自己商量，在征求自己的意见，他会觉得自己受到了重视，因此在心理上，孩子更容易接受父母的要求。另一方面，相对于强迫性的命令，建议是有选择性的，即孩子可以选择接受建议，也可以选择不接受。如果孩子不接受，父母多建议他几次，孩子就会有去试一试的想法，结果事实证明，大人的建议果然对自己有好处，于是孩子就做出了改变。

为此，父母在与孩子进行沟通时，一定要学会多使用诸如"你能不能……""你试着……如何"等建议性的话语来代替命令，这样既能保证亲子间沟通的顺畅，又容易让孩子与父母合作。

与孩子做个约定

很多父母会有这样的体会：孩子在外玩得高兴时不愿意回家，该睡觉的时候不睡觉，该吃饭的时候不吃饭，该学习的时候不学习，对手机、电视倒是兴趣十足……于是我们千叮咛万嘱咐，给他讲道理，给他言明利害，可是孩子还是该怎样就怎样……总之，孩子经常对我们的话置若罔闻，仿佛对我们的说教产生了免疫力。

如果孩子不听你的，不妨换个方式，与孩子做个约定吧！让约定成为孩子的约束力、自控力，这要比唠唠叨叨的说教更有效。

妈妈发现文文有一个不好的习惯，当别人问他话的时候，他总是习惯性地用"嗯""啊"之类的词语回答。这是很不礼貌的表现，妈妈为此说了他几次，可是文文总是嘟着嘴，不认可妈妈的说教。今天去姑姑家，文文又犯了同样的毛病，妈妈觉得自己应该换一种方式，就和文文做一个约定，也许这样能帮文文改掉这个坏毛病。

在回来的路上，爸爸开车，妈妈和文文聊了起来："文文，妈妈最近发现自己有个坏毛病，总是改不掉，你知道是什么吗？"

"我知道，一生气就大声说话，尤其是我犯错的时候……"文文想了想说。

"对呀，就是这个毛病，妈妈知道和你大声说话是不对的，妈妈也想改，可是怎么也做不好，所以妈妈想请你来监督，好吗？"

"好呀。"文文饶有兴致地回答。

"那如果下次妈妈再对你大声说话的时候，你会怎么办？"

"我会提醒妈妈，说：'不要生气，不要大声说话。'"

"嗯，这是个好方法，有了宝贝的提醒，妈妈一定会改掉这个坏毛病。"

爸爸饶有兴致地听着母子俩的对话，继续开自己的车。妈妈顿了顿，继续说："宝贝，你看妈妈现在找出了自己的坏毛病，宝贝自己想一想，有什么需要妈妈帮你改正的坏习惯呢？"

"这个我知道，就是做作业要认真，不能一边玩一边写作业。"

"嗯，文文说得没错，不过这个毛病文文已经在慢慢改了，而且表现得很不错，今天妈妈想和你做一个生活习惯上的约定。"

"什么约定呀？"文文好奇地问。

"妈妈发现，刚才姑姑跟你说话的时候，你总是习惯性地回答

'嗯''啊'，妈妈觉得这样不好，可能会让姑姑觉得我们家文文没有在认真听话，是个不懂礼貌的孩子，你觉着呢？"

"嗯，是的。"文文想了想，表示认可。

"其实妈妈发现你一直有这个习惯，所以妈妈想和你做个约定，希望你能改掉它，同时你也要监督妈妈。"

"那下次我再犯错误的时候，妈妈您会怎么办？"

"妈妈也会提醒你，不过，如果你要是总犯同样的错误，就要接受惩罚了，罚你学大象捏着鼻子转圈圈。"

"哈哈，我最不怕这个了，在学校里我们经常玩这个游戏……"

"嗯，那我们就这样约定好了，不能忘了哦。"

"嗯，知道了，妈妈。"

孩子的身上总是有很多奇奇怪怪的毛病，如果我们唠唠叨叨地说教，孩子恐怕不愿意听，即使孩子硬着头皮、耐着性子听完了我们的话，也可能把我们的话当成是耳旁风，因为没有人会对唠叨的说教有兴趣。其实，与孩子做约定是个好办法：一来这种新鲜的教导方式会让孩子产生兴趣；二来约定本身具有的约束效应会成为孩子内在的管控力，帮助孩子约束言行。

当然，与孩子做约定是有技巧的，最常见的约定通常是以条件为前提的，比如很多家长都会跟孩子做"如果式"的约定："如果你的成绩提高了，我就带你去动物园。""如果你乖乖听话，我就给你买好吃的。""如果你改掉这个坏毛病，我就答应你的要求。"……这类带有鼓励性质的"条件式"约定能在一定程度上让孩子与我们合作，但是需要注意的是，与孩子做约定其实是一个与孩子建立信任、加深信任的过程，为此，约定的条件中物质奖励不能太多。另外，也可以运用一些特殊的约定方法，如参考案例中文文妈妈的做法，以退为进，与孩子进行约定。

除此之外，父母还需要注意一些约定的细节：

（1）给孩子一个执行约定的过渡过程，适当提醒孩子。比如和孩子约定十分钟后上床睡觉，在过程中可以提醒孩子："宝贝，还有五分钟就要上床睡觉喽。"

（2）适当给孩子选择的权利。比如让孩子收拾玩具，可以征询孩子的意见："再玩五分钟还是十分钟？"然后按照孩子选择的约定去执行。

（3）遵守双方的约定。父母是孩子学习的榜样，对于与孩子的约定，父母务必要说到做到。

凡事和孩子商量一下

当冲突产生的时候，每个人都十分在意自己的尊严，不希望被他人压制，孩子也是如此。而遇事和孩子商量，是尊重孩子的表现，是所有父母都应该具有的一种沟通态度。当然，这并不意味着我们要迁就孩子，而是要通过和孩子交流、协商，找到和孩子合作的途径，给亲子关系打上"民主"和"尊重"的烙印。

在一个周末，爸爸妈妈准备带月月去奶奶家。不过事先爸爸妈妈并没有和月月说这件事，直到早上要动身的时候，月月赖着床不起来，妈妈才催着说："月月，快起来，我们待会儿去奶奶家。"

对于爸爸妈妈突然的决定，月月有点茫然，有点抗拒，盖着被子继续睡觉。妈妈又过来催促："月月，你磨蹭什么呢？快点，时候不早了。"

"我不去！"月月把头蒙在被子里，闷声闷气地说。

"你这孩子，怎么不听话呢？快点，爸爸在门口等着我们呢。"妈妈进来要掀被子。

"我不去，不去嘛！"月月更加抗拒了，紧紧抓着被子不放。

这时爸爸走了进来，命令道："不去也得去！"看到月月爸爸要发火，妈妈怕情况变得更糟糕，急忙给月月爸爸使了一个眼色，月月爸爸无奈地摇着头出去了。妈妈坐到床边上，尝试着和月月沟通："月月，为什么不想去奶奶家呢？"

"不去，那里有大狼狗，我害怕，我想去公园。"月月从被子里探出头来对妈妈说。

"大狼狗是拴着的，它不会咬到你，而且还有爸爸妈妈呢。我们今天先去奶奶家，明天妈妈带你去公园放风筝好不好？"妈妈试着和月月商量，月月不说话，看样子正在考虑妈妈的建议。妈妈继续对月月说："奶奶一定想你了，给你做了好多好吃的，今天不去的话，很可能就没有了，而公园我们可以明天去，你觉得呢？"

"嗯，好吧。"月月思考了一下，点点头同意了。

在这个例子中，爸爸妈妈事先没有和月月商量去奶奶家的事，而是自作主张地要求孩子跟着自己去，引起了月月的反抗。好在妈妈很快意识到了这一点，于是缓和下情绪，耐心地和月月商量，最后成功说服了她。

在生活中，我们很容易犯月月爸爸妈妈那样的错误，总是自作主张地去替孩子做决定，却忽视了孩子的发言权。孩子尽管年龄小，但也有自己的想法和主张，如果强迫孩子按大人的想法去做，很可能会影响亲子关系。其实，如果想让孩子和我们合作，就应该学会和孩子商量："这件事你是怎么想的？""这是个问题我们应该来商量一下。""我想和你商量一下，你看这样……"如此诚恳的话语，孩子必定会认真地思考我们的建议，这样孩子与我们合作也就变得简单了。

喜欢与孩子协商的父母是民主的父母，在这样的家庭氛围中，孩子会渐渐养成民主协商的习惯，更愿意主动与父母沟通。所以，从现在开始，在做某项决定前，无论是大事还是小事，无论是孩子自己的事情还是家里的事情，都尽可能地和孩子商量一下吧。

适当给孩子一点提示

　　现在的父母都很忙碌，很少有时间陪伴孩子，偶尔挤出不多的时间来陪伴，希望能和孩子愉快相处，可很多父母在和孩子相处的过程中又会有各种各样的抱怨："上班一天够累的了，孩子却一点儿也不让人省心。""跟他讲话就像没听到一样。""让他帮忙刷个碗比什么都难。"如果我们来听听这些父母是怎么说话的，我们就明白孩子为什么不愿意和父母合作了。

　　喆喆："我很爱我的妈妈，可是今天她却对我发火了，原因是我没把脏衣服放到洗衣桶里。可是我以前也是扔到床上啊，不知道她今天为什么发脾气，'脏衣服怎么能乱扔到床上，太不讲卫生了！'哼，说我不讲卫生，我偏要扔！"

　　豆豆："我喜欢上了画画，哪里都是我的画纸。今天我在墙上画了一朵大红花，结果被爸爸看到了，他凶着对我说："再看到你在墙上乱画，我就揍你！"我虽然很害怕，但是我不想听他的，我决定以后画小一点，或是画在相框的后面，不让他看见！"

聪聪："今天中午妈妈拿回一个罐子，我分明看到了罐子上糖果的包装，可是她却说不是，还把罐子放到了我够不着的柜子上。于是我找了一个小凳子站在上面，把罐子拿了下来，直到快吃完时，被妈妈发现了，她十分生气，对我说：'一个星期的糖都被你吃光了，以后没糖吃了！'哼，不让我吃，我就一次吃个够！"

我们来认真思考一下，为什么孩子不听我们的话呢？其实很大程度上是因为孩子产生了逆反心理，对大人的话产生了抗拒。如果将上面的话换成提示，会不会更好一些？

比如，我们将上面的话依次换成："脏衣服应该放到洗衣桶里，不要乱扔，这样很脏。""墙上不是画画的地方，纸才是用来画画的。""糖吃多了不仅会牙痛，还会产生蛀牙。"这样效果就会好很多，因为当我们给孩子提示的时候，他往往就知道应该怎么做了。

当然，孩子也有可能仍然不想接受我们的建议，不按我们的提示去做，但起码孩子不会产生反抗情绪，不会执拗着性子继续和我们对着干。

这里我们分享两个父母给孩子提示的小技巧。第一是用简单的词语提示，这个技巧非常适合那些丢三落四的孩子，因为他们总是需要反复提醒才能听我们的。简单的词语提示能让他们及时意识到自己的粗心，并学会思考下次该怎么做，比如，孩子从卫生间出来又忘记关灯，你看到了可以指着卫生间对他说"灯"，孩子自然知道你在说什么。第二用简单的句子提示。这个技巧前面我们已经讲过，需要注意的是，给孩子的提示中禁止带有那些侮辱性和攻击性的字眼。

提示就像是送给孩子的一个礼物，让孩子逐渐明晓事理。他会逐渐明白：不放回冰箱的牛奶会变酸，巧克力吃多了会变胖，乱吃东西会肚子疼，饼干长时间暴露在空气中会变软……

总之，父母给孩子提示，不仅仅是让孩子与大人合作那么简单，还会教给孩子很多生活中的道理。

直述自己的感受，引导孩子与我们合作

我们每天要求孩子按照我们和社会所能接受的方式去做事，可是我们越是竭尽全力，孩子越是反抗，甚至我们还经常被孩子视为"敌人"，因为在孩子看来，我们总让他做他不想做的事，不让他做他想做的事。结果，孩子会气愤地反抗说："我愿意干什么就干什么！"而大人则会威严地呵斥："你必须按我说的去做！"结果怎么样，可想而知。

其实，如果父母能诚恳地说出自己的感受和情绪，告诉孩子不希望他如何如何，很多时候孩子是通情达理的。一位母亲这样分享她的经验：

我是一个单亲妈妈，独自抚养两个孩子，孩子有点调皮，这让我感到很累，我常常因为对孩子失去耐心而感到沮丧，后来我索

性不再对他们大呼小叫，而是直接告诉他们："你这样做妈妈很伤心。""我讨厌别人这么对我说话。""你总是这样打断我说话，说实话，我很生气！"出乎我的意料，当听到我诉说自己的感受的时候，他们仿佛也有类似的感受，于是他们不再调皮，而是尽量让我开心。

当我们告诉孩子我们的感受时，孩子通常是很愿意和我们合作的。比如，看到孩子乱扔玩具，可以跟孩子这样说："看到满地都是你的玩具，我好心烦啊！"只要孩子处于正常的情绪状态下，就会自觉地去收拾玩具。再比如，孩子吵闹个不停，可以跟孩子这样说："我希望你能安静一点，因为你吵得我头疼。"只要孩子不受到呵斥，不受到言语上的攻击，他还是愿意和我们合作的。

当然，也不乏一些熊孩子不理睬我们的感受，甚至撇着嘴说："那又怎么样，我才不在意。"如果孩子有这样的态度，我们不妨诚恳地告诉他："我在意自己的感受，我也在意你的感受，而且我希望我们都要在意彼此的感受。"

需要注意的是，如果孩子对我们的情绪非常敏感，这时最好将表达情绪的话替换成表达期望的话。比如，孩子喜欢拽着猫咪的尾巴搞恶作剧，我们可以对他说："我希望你能友善地对待小动物。"而不要说："你拽着猫的尾巴玩，我很生气。"

这些语言模式你还在用吗

所有的父母都希望自己的孩子听话、懂事、有礼貌，但是很多父母在和孩子讲话时，其语气和态度往往已经决定了孩子势必与其背道而驰。然而，很多父母对此还一头雾水，摸不着头脑，仍旧拍着桌子、叉着腰大喊着："我跟你说了多少遍了，你怎么就不听呢！"

首先，如果期望孩子与我们合作，就必须有合作的态度，所谓合作，必定是建立在平等、尊重的基础上的。其次，在这个过程中，说话的语气和内容也十分重要，它们直接影响到孩子会不会与我们合作，会不会听从我们的建议和教导。以上两点内容，我们在前面的小节中有所涉及，这节我们讨论一下父母常用的引导孩子合作的语言模式，现在请想象一下，如果你是孩子，你是否会接受这样的话语。

1. 指责、谩骂

"赵文倩，说你呢，怎么又不洗手吃饭，真不知道干净，跟你说多少遍了，记吃不记打是吧？"

"哎，怎么这么笨手笨脚呢？跟你爸一样！"

"真是太蠢了，这么冷的天，你就不知道多穿点吗？"

2. 威胁、恐吓

"我数到3，如果你还不出来，我就把你丢这儿，1，2……"

"马上给我关了电视，否则有你好看的！"

"再哭？再哭叫警察叔叔把你抓走！"

3. 唠叨、说教

"今天你已经玩了很久了，从上午开始玩到现在，总该学习了吧？""你怎么还坐在那里不动，我刚才说的你到底有没有听到啊？""好吧，你觉得你这样做合适吗？一寸光阴一寸金……"

"你觉得你刚才那样做对吗？就算是你再喜欢也不应该抢啊，毕竟那是人家的玩具，如果有人过来抢你的玩具，你会高兴吗？……"

4. 埋怨、控诉

"唉，一点也不让我省心，我这白头发都是被你气出来的……"

"看到我脸上的皱纹了吗？都是为你愁的……"

5. 做比较

"看看人家哲哲，每天都穿得整整齐齐的，再看看你，整个一个小邋遢。"

"你怎么不向姐姐学学呢？她总是把自己的房间收拾得干净整洁。"

"没有像你这样吃饭的，看看人家冬冬，是这么下手就抓吗？"

6. 讽刺、挖苦

"天哪，你这是在写字吗？你是在写甲骨文吧？"

"抄作业就能蒙混过关？你可真厉害、真聪明！"

"知道要下雨还出去疯玩，你可真明智！"

7. 预言、独断

"现在就学会撒谎了，将来还不成撒谎精了！"

"这么自私，哪个小朋友愿意跟你玩！"

现在请把以上几种常见的语言模式复述给你的另一半听，问一下他/她的感受，并把感受写下来。

他/她的感受： _____

_____

相信大多数父母都已经感受到这些话带给自己的伤害了，对成人的伤害尚且如此，更何况是对年幼的孩子呢？如果你是孩子，你能接受这样的话语吗？"己所不欲，勿施于人"，作为父母应该明白这个道理。为此，父母在和孩子沟通的过程中切忌说这类话，以免给孩子造成心灵上的伤害。

巧妙批评，消除孩子的逆反心理

世界上没有不犯错的孩子，孩子正是在不断地犯错、改错的过程中成长、成熟的。及时纠正孩子的错误是家长义不容辞的职责，也是家庭教育不可或缺的重要组成部分。不过，批评孩子也要讲究技巧、方法，这样才能消除孩子的逆反心理，让孩子欣然接受我们的批评和教导，就像苏联教育家马卡连柯说的那样："批评不仅仅是一种手段，更应是一种艺术，一种智慧。"

给批评的话裹上甜甜的"糖衣"

有个孩子喜欢吃零食，不爱吃饭，为此父母想了很多办法，可就是不见效。一次，父亲买回一个椰子，孩子见了爱不释手。父亲突发奇想：如果用这个椰壳给孩子盛饭会怎么样呢？于是父亲把椰子锯开，洗干净后用来给孩子盛饭，结果，孩子竟然津津有味地吃了起来，而且饭量大增，这一现象被心理学家称为"椰壳效应"。

这个效应给我们的启示是：如果一件事情按照孩子喜欢的方式去做，就会激发孩子的兴趣，让孩子更容易接受。如果将"椰壳效应"运用到教子上，在批评孩子的时候，我们就不必非要吹胡子瞪眼，而是可以试着给批评的话裹上一层"糖衣"，即说一些孩子喜欢听的话，这样良药就不会苦口，孩子也就更愿意听我们的教导。

妈妈发现夹在书里的10元钱不见了，当在女儿的文具盒里发现了那张10元钞票时，妈妈很生气。她准备去找女儿兴师问罪。可是，当她迈出房门的那一刻，她犹豫了，因为理智和经验告诉她，这样的"讨罚"并不合适。沉思了片刻，妈妈准备换一种方式让女儿认错。

晚上女儿做作业时，妈妈给女儿递上一杯热腾腾的牛奶。不一会儿，看到女儿做完作业了，妈妈轻轻地走过去，坐在女儿旁边，对女儿说："孩子，妈妈给你讲个故事吧。"女儿眨着眼睛，很感兴趣地问："妈妈，什么故事呢？"

"从前，有个小孩子，一次，他发现妈妈的钱包忘在了桌子上，钱包里有很多零用钱……最后他勇敢地承认了错误。"

故事讲完了，女儿的脸有些发红。不过妈妈并没有提那10元钱的事，而是说："孩子，谁都有犯错的时候，可是如果能在犯错后及时认错，就是受人喜欢的好孩子，所以我们应该向故事里的小朋友学习，对吗？"

"嗯。"女儿点点头。

"嗯，妈妈知道你是个好孩子，不早了，早点睡吧，晚安，宝贝，妈妈爱你。"说着，妈妈在女儿的额头上亲了一口，转身回房间了。

第二天早上，妈妈在路过客厅的时候发现桌子上有两样东西：那张10元钞票和一张小纸条，而纸条上歪歪扭扭写着几个字："妈妈，我也爱您。"

这位聪明的妈妈正是利用了"椰壳效应"，给批评孩子的话裹上了甜甜的"糖衣"，让孩子很快认识到了自己的错误，并及时认错。孩子毕竟是孩子，在他少不更事的年龄总会犯各种各样的错误，而犯了错误，自然少不了批评。但是俗话说"良言一句三冬暖，恶语伤人六月寒"，孩子的心灵是稚嫩的，如果批评的方式不恰当，很可能会伤害到孩子幼小的心灵，而且那些责骂式的批评还可能会激起孩子的反抗情绪。因此，我们有必要在批评孩子的时候给批评的话裹上一层甜甜的"糖衣"，然后再说给孩子听，这样你就会发现，原来并不怎么听话的"熊孩子"也会变得越来越听话。

批评孩子要分场合、看时机

所谓"人前不教子",批评孩子是要分场合的,有些父母不注意这些细节,经常在大庭广众之下或是有其他人在场的时候批评孩子,丝毫不考虑孩子的感受,那么孩子也会反抗父母,甚至故意与父母作对,大声哭闹。想要让孩子听话,其实也不难,只要遵循"人前不教子"的原则即可。

但批评孩子并不是一件简单、容易的事,因为批评不仅要分场合,还要看时机,如果时机不对,孩子不仅不会听,还可能对你大吼大叫。那么,看时机究竟是怎么一回事呢?来看看下面这位妈妈总结的教子经验,或许能给你启发。

一位妈妈这样讲述她的教子经验:

我是个急性子,孩子一旦做错事,我张嘴就训斥,恨不得他立马认错并改正，比如最让我烦心的是孩子总是喜欢乱扔玩具，我看到了就会扯着嗓子喊："儿子，过来，把你的玩具收拾了。"然而，我的大嗓门并不怎么管用，孩子还是自顾自地玩游戏。我一急，嘴就把不住门，结果一顿唠叨下来非但没有什么效果，反而让孩子觉得厌烦。

后来我才认识到，在发现孩子的错误时，如果立马大肆批评，孩子要么置之不理，要么大肆反驳，而如果找到恰当的时间，比如晚上睡觉前的一段时间，去指出孩子不对的地方，孩子就会更愿意接受。

有一天晚上，快到睡觉时间了，我让孩子把积木收起来，孩子可能正玩得有兴致，对我有点反感，就对我说："烦不烦啊，每天都催我。"我当时有点生气，但没有马上批评他，而是等他玩够了，回到房间睡觉时才跟他说了刚才的事，告诉他不能那么粗鲁地跟大人说话，还告诉他规律睡眠的重要性。孩子都很认真地听进去了。

批评孩子要掌握好时机，什么时候能批评，什么时候不能批评，一定要做到心中有数，这样批评才能达到事半功倍的效果。想必看到这里，你已经学习到了一些批评孩子的方法，比如，当孩子犯错时不是立即批评，而是把握睡前的一小段时间对孩子进行批评教育。

其实，除了例子中这位妈妈讲到的方法，在以下时机批评孩子也有同样的效果：

（1）当孩子犯大过失时。孩子犯了大错或闯了大祸的时候，会产生强烈的内疚感和畏惧感，这时孩子比平时更容易听取不同的意见，更容易虚心接受大人的批评，为此父母要把握好这一时机。

（2）当孩子情绪好时。孩子情绪好时，更容易接受大人的意见和教导，这时批评孩子往往会很有效。

除此之外，父母还需要知道什么时候不能批评孩子。比如，早上，吃饭时，父母有不良情绪时，有他人在场时，孩子特别沮丧时，都不宜批评孩子。

不要翻孩子的旧账

　　面对犯错的孩子，不少父母都会抱怨："现在的孩子真难管，自己做错事还嘴硬。""就是，你批评他，他根本不吃你那一套，反而和你对着干。""不理会还是轻的，你说多了，甚至还会和你恶语相向，好像犯错的不是他，而是我们。"……

　　面对犯错的孩子，如果父母只会抱怨，那这样的父母可以说是不称职的父母，称职的父母从来都是少抱怨，更多的是去关注孩子身上的问题和自身的问题。其实，很多时候孩子之所以会出现反抗的现象，和父母的批评方式有很大的关系。批评孩子是对的，但是如果在批评孩子的时候总是揪住孩子的"小辫子"不放，甚至将那些陈年旧账翻出来，那么激起孩子的反抗也就不足为奇了。

　　傍晚，妈妈牵着洛洛的手去楼下的超市买零食，可是不大一会儿，原本高高兴兴去的母女俩，却噘着嘴、黑着脸回来了。爸爸心知肚明，知道母女俩又闹矛盾了。

爸爸拉着洛洛的手问是怎么回事，洛洛眼泪吧嗒吧嗒的，一副很委屈的样子说：“妈妈又翻我旧账……”在洛洛断断续续的叙述中，爸爸才明白发生了什么事。原来，洛洛在超市买了一瓶饮料，出超市后想要打开来喝，妈妈觉得太凉，会伤着胃，说回家用热水烫一下再喝，于是母女俩犟了起来，妈妈把之前洛洛乱吃东西的一些事情翻了出来，把洛洛批评了一顿。

面对这种情况，爸爸试着去缓和气氛：“洛洛，妈妈这么说是为了你好，你可以把饮料放到暖气上暖一暖，这样不会伤到胃。”

“我不就是这么说的吗？”洛洛妈妈一脸气愤的样子。

“您明明说要用热水烫一下的。”洛洛立刻梗着脖子反驳。

"你总是这样，上次你上舞蹈课就偷偷买方便面，你以为我不知道吗？"洛洛妈妈显然是气昏了，又把陈芝麻烂谷子的事摆了出来。被妈妈这么一说，洛洛立马哭了起来。

有个成语叫"恨铁不成钢"，为了让孩子成才，大多数父母对孩子的要求还是很严格的，孩子一旦有一些小错误，爱子心切的父母就会把孩子之前犯过的错误再拿出来说一通，以期通过不断地批评来加强孩子的记忆，但是结果往往事与愿违，孩子变得越来越不听话，甚至根本不想听父母说话，导致亲子关系进入冰河期。

在批评孩子的时候经常翻旧账，不仅会影响到亲子关系，还会给孩子一些消极暗示。比如，孩子会觉得无论自己怎么努力都无法抹掉自己的污点，随着错误的不断增多，污点逐渐积累，孩子在内心深处就会形成这样的潜意识："我是个不听话的孩子。""我就是爱犯错。""我是个坏孩子。"

为此，在批评孩子的时候，父母切忌翻旧账，而是要学会就事论事。对于孩子犯过的错，如果已经"结案"，就不应该再提起，也不要总是记着孩子的错误，而要学会原谅。如果非要再次批评，那也不要简单地重复，而是应该学会换个角度，换种说法，让孩子觉得父母没有揪着他的错误不放，这样孩子的厌烦心理、逆反心理也会随之减弱。

批评孩子要适可而止

一位妈妈在地铁上教育孩子，从上地铁就一直说，大道理滔滔不绝，大致意思是让孩子少玩手机，多把时间用在学习上。刚开始的时候，孩子低着头一声不吭，耐着性子听妈妈说。可渐渐地，孩子有些不耐烦了，一会儿扭扭头，一会儿挠挠手。最后，孩子实在忍不住了，对妈妈说："妈，您都说一路了，累不累啊，我听都听累了。"

"说你是为你好，你这孩子怎么不懂事呢？要是你把时间用在学习上，我才懒得说你呢。"妈妈叹着气说。

孩子听了，干脆闭上了眼睛，把耳朵也捂了起来……

　　"说你是为你好，你这孩子怎么不懂事呢？要是……我才懒得说你呢。"这类句式的话是不是十分耳熟？在批评孩子的时候，我们总希望孩子能明白我们的初衷，即不管我们说什么、做什么，都是为了他好，并且这个自以为美好的初衷也会让我们自己产生错觉，觉得孩子是愿意接受这样的批评的。然而，很多时候我们却发现，孩子接受不了这样的"好"，甚至会对这样的好产生反感。

　　这种吃力不讨好的事情，问题究竟出在哪里呢？问题出在批评方式上，就像例子中看到的那样，如果父母在批评孩子时滔滔不绝、长篇大论，就很容易导致"超时效应"的产生，即孩子因为批评过强或批评时间过久而产生不耐烦或逆反的心理。

　　做任何事情都要把握一个度，批评孩子也是一样，为了避免

"超时效应"的产生，在批评孩子时一定要避免长篇大论式的说教，要学会适可而止。比如，要遵循"犯一次错，只批评一次"的原则，且一天之内批评的次数不宜超过两次；如果觉得问题很重要，或者孩子犯了同样的错误，也不可重复同样的批评，而要学会换个角度去批评；或者从孩子的错误中提炼出一些关键点，跟孩子一起分析问题，解决问题；做到点到为止，让孩子有时间去思考和反省自己的错误；等等。

孩子只爱听好话，不爱听批评怎么办

"现在的孩子怎么了？只爱听好话，听不得半点批评。"从父母的口中我们经常听到类似的议论，孩子只爱听好话，不爱听批评。这是一种非常普遍的现象，大多数父母都有这样的烦恼，听听下面几位父母是怎么说的，然后想一想自己家的孩子是否也是这样。

萱萱妈妈：

我家萱萱今年五岁，是个漂亮的小姑娘，特别爱听别人夸她，却听不得一点批评。做错事一批评，她就不高兴，有时还故意捂住耳朵，真是拿她没办法。

文文爸爸：

我家文文不到4岁，特别以自我为中心，只能听得表扬，听不得一点批评，家里人一说好话表扬他，他就高兴，但一说他哪里没做好就生气发脾气。不知道孩子是不是被我惯坏了，怎么才能让他听得进去批评呢？"

乐乐妈妈：

我家乐乐各方面都挺优秀的，可是最近发现他越来越听不进长辈的善意批评。比如，有时候他在学习或是生活中有不好的表现时，我说他几句或是提醒他一下，他不仅很反感，甚至还会摔东西。有一次，我看到他粗心做错了一道题，要他以后注意，可是他的反应非常强烈，说我总是批评他，说他不好，我哪有经常这样啊？

很多父母对自己的孩子只爱听好话，却听不进批评意见感到很苦恼。那么孩子为什么只爱听好话，却听不得批评呢？其实这和大人的赏识教育和批评方式有关。现在家长对孩子的教育都是以多鼓励、多表扬为主，但往往因为表扬得过了头，让孩子经常包围在表扬的氛围里，于是就容易形成虚荣心强、好大喜功的毛病，就会对批评极为敏感，导致孩子只能听好话，不能听批评。另外，父母的批评方式存在一些问题，如批评时粗言粗语，孩子自然不爱听。

　　要改掉孩子的这个毛病，父母需要从两方面着手。对于赏识教育而言，要多表扬，但不能表扬过滥；而对于批评教育而言，在批评孩子时，语言要委婉，不要用尖锐激烈的语言进行批评，不要大声呵斥。有些孩子因为年龄较小的缘故，并不知道批评的意义，以为父母批评他就代表父母不喜欢他，就代表他不优秀。这时父母可以告诉孩子："爸爸妈妈批评你，不代表不爱你，恰恰是因为爱你，才不希望你犯错，并且批评你也是想让你进步。"

　　只要家长不滥用表扬，也不滥用批评，坚持表扬和批评相结合，再运用一些巧妙的方法，相信就能让孩子变得既喜欢听好话，又能接受批评。

适度赞赏，用言语夸出懂事的好孩子

日本一位儿童教育学家的一项研究表明，孩子经常受到父母夸奖和很少受到父母夸奖，其成才率前者比后者高五倍。而在我国也流行这么一句话："好孩子是夸出来的。"其实不管是严谨的实验研究还是习以为常的教养箴言，都表明了赏识教育的重要性，不过就目前来看，大多数父母并不懂得这样的"亲子赞美哲学"，比如很多父母把"非常棒""真聪明""好乖"当成自己的口头禅，实际上这种赞美并不能让孩子充分认识到自己的价值，属于不科学且无效的赞美。为此，我们应该重新审视赏识教育的内涵，从中提炼出方法和技巧，用赞赏性的言语夸出懂事的好孩子。

借他人之口夸奖孩子

很多父母都知道赏识教育的重要性，于是经常不遗余力地去夸奖孩子。然而细心的父母发现，孩子似乎对我们的夸奖毫不在意，反而是外人偶尔的一句夸奖能让孩子兴奋半天，尤其是被喜欢或是崇拜的人夸奖，孩子往往会喜出望外。那种雀跃让很多父母感到好奇，难道自己的夸奖还抵不过外人的夸奖吗？

其实，大家不必为此气恼，究其原因，是因为很多父母在夸奖孩子的时候会带着一种天生的偏爱，而外人的评价很多时候要客观、公正得多，相对于父母有点偏爱的评价，孩子更愿意听到他人口中客观、公正的评价。而且孩子会认为，别人并不是因为偏爱自己才夸自己的，而是因为自己足够优秀，自己真正做到了才夸自己的。这样的夸奖让孩子觉得更真实。

这就给予我们启发，如果我们借他人口去夸奖孩子，孩子会不会更愿意听呢？

周六大扫除，磊磊和妈妈忙了近两个小时，终于把家里整理得干干净净。有点疲乏的母子俩躺在沙发上休息，这时门铃响了，磊磊去开门，原来是姑姑带着孩子来做客了。磊磊很开心，礼貌地打了招呼，把姑姑迎了进来，又是倒水又是拿水果，还把自己喜欢的牛肉干拿给小妹妹吃。

看到磊磊懂事的样子，妈妈很欣慰。姑姑走后，妈妈对磊磊说："磊磊，刚才姑姑走的时候夸你了，说你懂事，不仅会帮妈妈做家务，还会招待客人呢。"

"是吗？姑姑真的是这么说的？"磊磊的眼睛里闪烁着快乐

和兴奋。

"是呀，夸你听话懂事、热情礼貌，还说妈妈以后要享福喽。"妈妈抚摸着磊磊的头说。磊磊听了有点不好意思。妈妈继续鼓励说："所以磊磊以后要继续努力啊。"

"嗯，那必须的。"磊磊很开心，拍着胸脯向妈妈保证。

妈妈发现，在得到姑姑的夸奖之后，磊磊更加听话懂事了，而且每当家里来客人的时候都特别热情、礼貌。就这样，妈妈慢慢发现，借他人之口表扬磊磊似乎格外有效，于是妈妈试着将这个方法用在改掉磊磊的一些坏毛病上。果然，以前怎么说磊磊都不改的毛病，现在很容易就改掉了。

在一次招待客人的过程中，细心的磊磊妈妈发现了借他人之口夸奖孩子的方法，于是妈妈灵活应用，借他人之口来帮助磊磊改正自身的毛病。事实证明，这种方法很有效。为此，我们完全有理由相信这种独特的赏识教育的合理性和有效性。既然如此，为什么不尝试一下呢？

除此之外，还可以当着他人的面当面表扬孩子，比如把孩子的成绩和作品拿到别人面前欣赏，然后通过自己对孩子的赏识和夸奖来激发孩子的上进心："看我儿子会自己帮我做家务了！""看我女儿的画多漂亮！"这时别人一定会夸奖孩子几句："是呀，你家孩子真乖巧。""我家贝贝要是和你家孩子一样多才多艺就好了。"

当然，在这个过程中还应该注意一些细节性问题，比如，在借他人之口转述对孩子的夸奖时要实事求是，要真诚，不要过分夸张，以免让孩子误以为是父母故意吹嘘；除了转述他人的夸奖之外，父母还要适当加一些对孩子的期望，这个期望也能成为孩子进步的动力；当着别人面表扬孩子要适可而止，不要说起来没完，以免让孩子感觉不自在，同时也让他人难堪；等等。

描述性的赞赏更有效

如果问一个问题："你是怎么夸奖孩子的？"也许很多父母会说："这还不简单，对孩子说'太好了''你真棒''真不错'，不就可以了吗？"用这些习以为常的赞赏词来夸奖孩子，确实是最自然的赞赏方式，可是如果仔细想想，这些赞赏的话是不是有些笼统和空洞呢？这样泛泛的赞赏能打动孩子的心，让孩子愉快地接受吗？

事实证明，这些随口的夸赞看似既省事又符合赏识教育的初衷，可是也容易失去效力，让孩子对大人的夸赞产生免疫。而如果我们换种方式，用赞赏的语气描述自己看到的和感受到的，即用描述性的赞赏，孩子更能体会到被赞赏的快乐，更愿意听我们的。

自然式的赞赏：

一个5岁的孩子从幼儿园拿回一张纸，上面是些简单的涂鸦。孩子把涂鸦拿到爸爸面前，问："爸爸，我画得好吗？"

"好啊，太好了！"爸爸的第一反应是应该夸奖孩子。

"怎么好了？"孩子继续问。

"怎么好？嗯……就是好啊，你看，画得多漂亮啊！"爸爸看了看画，不知道该怎么具体夸奖孩子，于是笼统地说。

"您根本就不喜欢嘛！"孩子突然生气地把画拿走了，留下爸爸一脸错愕的表情。

描述性的赞赏：

孩子把自己的涂鸦拿给爸爸看，问爸爸："爸爸，我画得好吗？"

"嗯，我看看……这是几条线，像是一座房子，这里是几条鱼……画得很棒，颜色搭配得真好，而且还没有出边儿。"爸爸仔细看着画中的内容说。

"嗯嗯，爸爸，您怎么懂这么多？"听爸爸这样夸自己，孩子很高兴。

"不是爸爸懂得多，是你本身就是个小小艺术家嘛。"爸爸摸了摸孩子的头说。

"那我长大了要当艺术家。"孩子开心地说。

"好好好，那你一定要用心学哦。"爸爸鼓励道。

"嗯，我会的。"孩子仰起头保证。

同样是赞赏孩子，自然式的赞赏不仅没能让孩子愉快地接受，还让孩子误认为大人是在敷衍自己，从而产生了不愉快的情绪。而描述性的赞赏则让孩子感受到了大人话语中的真实和真诚，获得了愉快的情绪体验，且激发了孩子对画画的兴趣。为此，在赞赏孩子时，尽量不要用那些自然式的赞赏去发表评论，而是应该学会看到孩子好的行为，并将其和我们的感受描述出来。

　　比如，孩子收拾了房间，我们不要用这样泛泛的语言："你收拾了房间，做得不错。"而是应该用描述性的语言："我看到房间里变化很大，被子叠得整整齐齐，书籍、文具都放在了该在的地方，衣服、鞋袜也放得正是地方，有一种耳目一新的感觉。"

　　再比如，看到孩子最近学习成绩提高了，想要夸一夸他，不要简单地对他说："最近进步了，很不错。"而是应该说："我知道你最近在学习上下了不少功夫，而且你做作业的效率越来越高了，写起作文来得心应手，解数学题时思路越来越清晰，特别是英语成绩，一下子提高了那么多，'功夫不负有心人'，我真为你感到高兴。"

　　当然，有时候我们会忘记使用描述性的赞赏，脱口而出那些泛泛的赞赏之词，这时该怎么办呢？其实我们不必压抑我们的第一反应，如果是真诚的赞赏，孩子就能从这些赞赏中听出我们的真诚和热情，也会愉快地接受。不过，如果我们能用"描述"来补充一下对孩子的赞赏，就再好不过了。

把赞赏性行为总结为一个词

在我们固有的印象中，我们可能没有把赞赏当回事，难道夸人还不会吗？然而如果我们认真分析一下自己的夸奖词，就会惊讶地发现，我们还真的不会夸人，尤其是夸奖孩子。因为在平时，当我们发现孩子有好的行为的时候，通常是条件反射式的赞赏，没有任何的犹豫："你竟然能自己洗衣服了，真棒！""你能勇敢地承认错误，真不错！""你能及时完成作业，不拖沓，真乖！"

当然，这样的夸奖没有错，也很恰当。可是使用久了，孩子并不能从这些话语中得到更多有用的信息，因为他仅仅是知道自己"很棒""很不错"罢了。如果我们把孩子值得赞赏的行为总结成一个词语，效果就会好很多。比如，我们将上面的句子依次换成"你竟然能自己洗衣服了，这就叫作'自理能力'。""你能勇敢地承认错误，这就叫'诚实'。""你能及时完成作业，不拖沓，这就叫'效率'。"

试想一下，如果我们经常这样夸奖孩子，那些总结性的词语，诸如"自理能力""诚实""效率"等就会深深地刻在孩子的脑海里，而这些词语显然比"真棒""真不错""真乖"等词语新奇且有意思得多，并且这些词语将有利于孩子形成丰富的正面的自我评价，不断增加孩子内心的力量，促使他们朝着优秀的方向发展。也就是说，我们的夸奖会成为孩子的正面反馈，成为他们不断进步的方向和动力。

总之，我们的目的是找到一个词，并通过这个词来让孩子不断地对自己有一个新的认识。这就要求我们真正地去观察、倾听孩子，然后将我们看到的和感受到的说出来，这样孩子就能从我们的话语中认识到他自己拥有的独特的能力：他会发现他可以把杂乱的书桌整理得井井有条；他可以把自己收拾得干干净净；他可以耐心、细致，让人信赖……

现在不妨练习一下这个小技巧，将你认为合适的词语填在横线上并在生活中运用它。

1. 你能在约定的时间回来我很高兴，这就叫"＿＿＿"。

2. 你能把自己喜欢的玩具和零食拿出来分享给小朋友们，这就叫"＿＿＿"。

3. 这么多事情你都一一记下了，而且每一件都办得很利索，这就叫"＿＿＿"。

4. 你竟然能坚持在椅子上坐一个小时，写一个小时的作业，这就叫"____"。

5. 你虽然不小心打碎了花瓶，但并没有撒谎，而是把这件事告诉了我，这就叫"____"。

有效赞赏孩子的八个小技巧

　　孩子小的时候，对自我的看法主要是根据他人的评价而形成的。父母作为孩子最重要和最信任的人，帮助孩子建立正面、真实的自我评价的最好方法就是赞赏孩子。

　　不过，只有有效的赞赏才能让孩子愉快地接受，并让孩子听从我们赞美之词的言外之意，不断朝我们所期望的方向努力和发展。以下是有效赞赏孩子的八个小技巧，仅供大家参考。

1. 用感谢式的赞美

　　当孩子做了一些对他而言颇为不容易的事情时，要学会使用感谢式的赞美。比如，当孩子学着帮你做家务时，你可以对孩子说"谢谢你帮我，要不我一个人会很累呢"；当孩子在门口等你几分钟时，你可以说"我来晚了，谢谢你一直等着我"；当孩子帮你提东西时，你可以对他说"宝宝真是长大啦，懂得关心我啦"；等等。

2. 用鼓励式的赞美

我们的鼓励是孩子进步的动力，为此，要学会使用鼓励式的赞美。比如，当孩子练习爬行时，可以对他说"宝贝你真棒，对；就是这样，只要把手往前挪一点点……好的，你做到了，我真为你骄傲"；当发现孩子攒钱买了喜欢的课外书时，可以对他说"都懂得自己攒钱买书了，怎么会这么懂事又爱学习呢？我真为你骄傲"；当孩子攻克一道难题，正巧被你看见了，可以对他说"这么难的题都被你攻克了，你可以去试试参加奥数考试了"；等等。

3. 用请教式的赞美

作为父母，应该学会放下架子向孩子虚心请教，这也是变相地肯定孩子，是对孩子由衷的赞美。"请教式赞美"对于督促、指导孩子的学习有很好的效果，比如，父母的英语水平不高，可以向孩子请教："我觉得你的英语水平比我的强多了，能不能当我的英语老师啊？"孩子都"好为人师"，一定会愉快地接受我们的提议，而且孩子也会努力地去学习英语。

4. 尝试以"你"为主语

赞赏孩子时，以"你"为主语，一方面，能让孩子感觉到你关注了他的行为；另一方面，也可以帮助孩子审视自己。比如，当有同学嘲笑孩子的好朋友时，孩子还是和好朋友站在一起，你知道了这件事，可以对他说："你能在朋友受到嘲笑的时候仍然和他站在一起，这是你们的友谊，也是你的忠诚和勇气。"孩子听到你的话语，会感受到你对他的关注，而且他会审视自身的行为，明白在朋友遇到困难的时候应该和他站在一起。

5. 尝试以"我"为主语

在赞赏孩子时，试试以"我"为主语，这样孩子就会知道他的所作所为能带给大人什么样的感受。比如，当孩子写了一首优美的小诗，拿给我们看时，我们可以说："你的这首诗描写得真好，让我很感动，尤其是这一句……"这样，孩子就会明白，我们喜欢他的诗。同时，孩子可能会更加用功，写出更好的诗给我们看。

6. 强调效果的表扬

如果孩子帮助了别人，我们可以将表扬的重点放在帮助别人产生的效果上。比如，孩子把自己的玩具分享给小朋友玩，我们可以说："你把玩具拿给乐乐玩，你看，他看上去开心极了。"这样的话语很容易激发孩子的分享行为。

7. 强调努力的赞扬

夸孩子聪明不如夸孩子努力，这是所有父母都应该达成的共识。比如，孩子英语考试取得了不错的成绩，不要夸孩子"你真聪明""你真棒"，而是应该对他说："你这次的英语成绩不错，这都是你这几周努力的结果。"这样，孩子就会明白，他的好成绩是由自己的努力换来的。

8．无意中的赞扬

赞扬孩子的话不一定非要在孩子面前说，非要刻意说，如果无意中的赞扬恰巧被孩子听到，这句赞扬的话就会在孩子心里产生不同寻常的力量。比如，你在客厅和朋友聊天时，聊到孩子时，不妨夸孩子几句："我们莉莉很乖很听话，从来不会无缘无故调皮、哭闹，让我很省心。"

夸奖变伤害？谨防这三类话

相信很多父母都听过这样一句话："好孩子是夸出来的。"对于那些颇懂赏识教育的父母来说，这句话更是被当成金玉良言。但是很多父母发现，这一万能定律似乎并不是万能的，甚至有的孩子会对大人的夸奖产生反感。难道说"好孩子是夸出来的"是一种谬论？不是的，这种说法本身是一种合理的教子方法，如果把握得当，是有助于培养出听话、懂事的孩子的，只不过一旦我们踏入夸奖孩子的禁忌，就会把夸奖变成·种伤害。

以下三类夸奖孩子的话，尽量不要使用。

1. "太阳打西边出来了……"

冬冬是个聪明可爱的小男孩，可是有一点不好——十分懒，自己的衣服、袜子从来不自己洗。一次，妈妈出差回来，正好看到冬冬在搓自己的袜子，妈妈本想夸他几句，可是随口却说："太阳打西边出来了，知道自己洗袜子了。"冬冬听了很不高兴。

"太阳打西边出来了，知道自己洗袜子了！""终于知道自己为什么错了，可别再犯错了！""这次终于不用我提醒了，下次也要注意！"……

明明是想夸奖孩子，可为什么非要强加一些警告、批评在里面呢？这样只会打消孩子做事的积极性，让孩子觉得大人总是盯着自己的缺点不放。孩子有了进步，本来是一件好事，但如果一味地给表扬加上阴影，那就是父母的不是了。在孩子成长的过程中，孩子希望父母看到自己一点一滴的付出，同时也需要大人实实在在的夸奖，这样的口头禅请不要再说。

2."我知道你做得不错，但是……"

姗姗看到妈妈做家务很辛苦，于是也拿着一块抹布去擦桌子。妈妈看到后，对姗姗说："姗姗还知道帮妈妈擦桌子，真不错，但是你能不能把抹布再拧拧，别弄得哪里都是水。"听了妈妈的话，姗姗兴致大减，以后再也不帮妈妈擦桌子了。

如果你是孩子，你觉得这样的话是夸奖多一些还是斥责多一些呢？虽然我们的初衷是好的，希望孩子能进步，但是这样的话语难免会伤害孩子。为什么不换个说法呢？比如上面的例子中妈妈完全可以这么说："姗姗懂得帮妈妈擦桌子了，真不错，如果你能把抹布拧拧就更好了。"

3."真是个聪明的孩子，将来一定能……"

这次考试军军得了第一名，他把卷子拿回家给爸爸看，爸爸看后点了点头，夸奖道："嗯，真不错，军军这么聪明，将来一定能考上重点大学。"

这样的夸奖看似没什么问题，对孩子有一定的鼓励作用，可是如果这样随意的话说得多了，很可能会让孩子觉得父母缺乏真诚，只是随口夸夸自己、敷衍自己罢了。所以，夸奖孩子尽量不要说那些漫无边际的话，而是应该试着具体一些，如："这次考得真不错，要是你能保持'连胜纪录'就更好了。"这样孩子听了就会继续努力，争取下次再考一个好名次。

巧言拒绝，孩子乐意接受才不会被伤害

+

　　"不"是孩子讨厌听，父母讨厌说的一个字，但是有时我们又不得不拒绝孩子，尤其是在面对孩子的无理要求的时候，坚决地拒绝是必要的，否则一味地满足孩子很可能会宠坏孩子。不过，让我们烦恼的是，拒绝孩子是一件非常难的事。一方面，我们的拒绝会激起孩子的反抗；另一方面，拒绝的言辞不当会伤害孩子。那么，怎样拒绝孩子才能让孩子乐意接受而且不会被伤害呢？

+

小调查：你是怎样拒绝孩子的

随着孩子生活范围的不断扩大，孩子感到新奇的东西越来越多，他们开始迫不及待地想要更多的玩具、零食和衣服，但是大人的财力有限，不能总是对孩子有求必应，因此对孩子说"不"是避免不了的，那么你是怎么拒绝孩子的呢？我们来做一个小调查。

1. 你经常对孩子说"不"吗？

A. 经常

B. 偶尔

C. 极少

2. 需要说"不"时，你会采用什么方式？

A. 耐心解释为什么不可以

B. 直截了当地说"不行"

C. 满足孩子的其他要求

D. 其他

3. 你说"不可以"后，孩子通常会怎么做？

A. 撒娇耍赖

B. 乖乖听话

C. 置若罔闻

D. 其他

4. 孩子若因你的拒绝而撒娇或哭泣，你会怎么做？

A. 坚持自己的原则

B. 心软，把拒绝的话收回

C. 犹豫不决，不知道该怎么办

5. 对于该不该说"不"，何时说，怎样说，家人的观点一致吗？

A. 基本上能保持一致

B. 有分歧，但可以相互探讨、交流

C. 有很大的分歧，都坚持自己的观点，互不相让

D. 其他

请把自己选中的选项用"√"画出来，然后试着将其总结一下。

现在，你对拒绝孩子的言辞和方式感到满意吗？你期望改进哪些地方呢？

接下来，请阅读本章的内容，相信你从中定能找到想要的答案。

向孩子委婉地说"NO"

"怎么又要玩具？不行！""不许动那个，快过来！""不能和小朋友抢玩具，听到没？！"……每当孩子提出不合理的要求或是有恼人的行为时，父母往往会气急败坏地说"不行""不许""不能"，却不知道简单粗暴地拒绝会伤害孩子。

两岁多的天天正处在空间敏感期，对周围的世界有着强烈的探索欲，尤其是家里的厨房，每次妈妈做饭时，都会从里面传来叮叮当当的声音。天天十分好奇，他不知道妈妈在里面做什么，因为妈妈从不让自己到厨房玩耍，说那里危险。

也许小孩子都对冒险一类的事情有独钟，天天也不例外，只要妈妈不注意，忘记把厨房的门锁上，天天就会偷偷溜进去玩耍。不巧的是，天天这次的冒险被妈妈抓了个正着。

"你不能动那个！快放下！"妈妈开门进来，正好看到天天手里拿着一个叉子，大喊道。

天天被妈妈突如其来的呵斥吓了一跳，手里的叉子掉到了地上，天天紧张地看着妈妈。妈妈赶紧过去把叉子捡起来放好，对天天说："这里多危险啊，快出去！记住以后不能来这里玩耍！"

天天冷不防地被妈妈这么呵斥，心里委屈极了，眼泪不由自主地掉了下来。

处于空间敏感期的孩子的一个典型表现就是，对周围环境的探索表现得乐此不疲，如果简单、粗暴地拒绝孩子，很可能会让孩子有一种挫败感，会伤害孩子稚嫩的心灵。其实，不论是在孩子成长的哪段时期，拒绝孩子都要讲究方式，而不能简单、粗暴地对孩子说"不"。不妨试试委婉的方式，即拒绝孩子时语气要委婉一些，声调要适当降低一些，然后用和蔼的态度去开导、劝解孩子，让孩子心里得到安慰，相信这样，孩子就会更容易接受我们的拒绝。

比如，在上面的例子中，当看到孩子在厨房里玩耍时，不要立马对孩子发火，而要先试着问一句："知道妈妈为什么不让你来厨房玩耍吗？"然后接着引导孩子："厨房里有很多厨房用具，一不小心就会把自己弄伤，妈妈有时还会被伤到呢，那是非常疼的……所以，以后还是不要来厨房玩耍了。"通过这样一番解释和劝告，孩子就会很容易接受我们的拒绝。

再比如，有的孩子爱拆东西，而且总是把新买回来的玩具拆得乱七八糟的，如果我们想要稍微限制一下孩子的行为，可以这样说："宝贝，妈妈知道你对这些玩具很好奇，有好奇心是件好事，不过这些玩具都挺贵的，拆之前你要考虑好，因为玩具一旦被拆坏，就很难恢复原样了。"以平和的语气去和孩子沟通，相信这样的拒绝方式孩子也会乐意接受。

给孩子一个拒绝的理由

很多时候孩子是讲理的，如果我们能说出让孩子信服的理由，那么拒绝就成功了一半，所以在拒绝孩子时，我们应当遵循这样一个原则：我们可以拒绝孩子，但一定要跟他解释清楚为什么拒绝他。

吃完中饭，嘉嘉对妈妈说："妈妈，妈妈，待会儿陪我去展馆看图书展吧。"

"嘉嘉，妈妈待会儿有事要去公司，很可能要很晚才回来。"

"可是我很想去图书展嘛。"嘉嘉拉着妈妈的手恳求道。

"嘉嘉，妈妈也很想陪你一块儿去，但是公司有很多事需要妈妈去处理，如果妈妈不去，那很多叔叔阿姨的工作就没法进行，你能理解妈妈的，对不对？"妈妈耐心地解释。

"好吧，那……爸爸呢？"嘉嘉仍然不放弃去看图书展的想法。

"你忘了，你李叔叔今天刚从国外回来，他们是从小一块儿长大的，你爸等不及，就去机场接他了，这个路况的话，回来也不早了，况且他们还要叙旧，所以……我想这个时候还是不要打扰爸爸的好，你觉得呢？"

"可是，妈妈，我真的很想去看，我们班很多同学都要去看，而且今天是最后一天了。"嘉嘉仍旧在做着最后的努力。

"嘉嘉，不是爸爸妈妈不想陪你去，只是今天确实没有时间……"

"那好吧。"嘉嘉很不情愿地点点头。

看到嘉嘉很失落的样子，妈妈想起前几天答应嘉嘉去看童话剧的事，于是说："要不这样，你待会儿先跟妈妈去公司吧，下午看时间，如果时间早我们就去看，如果时间晚，妈妈带你去看童话剧怎么样？"

"嗯，好吧，我想看《三只小猪》。"

"嗯，好，那我们就这样说定了。"

如果在拒绝孩子时，给孩子一个合情合理的理由，只要不是胡搅蛮缠的孩子，大多时候是能听大人的解释的。然而在实际生活中，总有一些只会说"不"、从不讲原因的父母。其实在孩子的心里，拒绝就代表着被否定，被拒绝之后，伤心、难过等情绪会全然占据孩子的大脑，此刻孩子很少去思考自己被拒绝的原因，而如果我们能在拒绝的时候给孩子一个合理的解释，就能让孩子获得一些心理上的安慰，孩子受到的痛苦和伤害就会大大减少，而让孩子从心底接受我们的拒绝也就变得容易很多。

不过，需要注意的是，拒绝孩子的理由应该是真实、恰当的。有的父母喜欢编造一些借口来哄骗孩子，比如孩子在商店看到想要的玩具时，父母通常会说"这个太贵了，我们买不起"，而实际上并不是买不起，只是大人为拒绝孩子找的一个借口而已，这样的借口没有说服力，根本无法有效拒绝孩子。再比如，有的父母可能会说"今天妈妈带的钱不够，下次再说吧"，然而事实上根本没有下次。如果长期如此，父母在孩子心中的信用值就会大打折扣，想要拒绝孩子的不合理要求就会越来越难。

温柔而坚定地拒绝孩子

"妈妈，我要吃饼干。"

"不可以，快要吃晚饭了。"

"妈妈！给我一些饼干嘛！我太饿了，想吃点饼干嘛！"

"好吧！好吧！我的小姑奶奶，这些饼干都给你。"

面对女儿不断地撒娇、纠缠，妈妈终于投降了。可是让她想不到的是，这一次拒绝的失败让女儿明白了一个道理："当妈妈拒绝我的要求时，只要我不停地缠着她，就一定能得到我想要的东西。"

当孩子反复提出一些要求，尤其是那些不合理的要求时，很多父母会下意识地拒绝，可是一旦孩子开始对父母撒娇、哭闹或要赖，心软的父母往往又会放弃自己的原则，选择妥协。然而，这一次次的妥协正是孩子坏习惯、坏毛病产生的根源，同时也让我们的拒绝失去了效力。为此，面对孩子的一些不合理的请求，我们应该做到温柔而坚定地拒绝。

最近天气渐渐热了起来，冰箱里各种各样的冷饮和雪糕也多了起来，不过这些都不是可可的最爱，可可的最爱是冰淇淋。不过，有一次可可因为吃太多冰淇淋而吃坏了肚子，所以之后每次吃冰淇淋前，可可都要向妈妈报告，得到允许之后才能吃。

有一天，可可在外面玩了一会儿，手脏兮兮的，一进家门便对妈妈说："妈妈，我要吃冰淇淋。"说完就要往冰箱处跑。

"换了鞋，洗了手，才可以去吃。"妈妈一脸微笑。

"我不嘛，我现在就要吃！"可可开始耍赖了。

"我知道你很想吃，可是手很脏，要先洗手，否则吃坏肚子怎

第五章 巧言拒绝，孩子乐意接受才不会被伤害

么办？"

"可是，我现在就想吃，等不及啦！"可可一副马上要哭的样子。

"那就赶快照我说的去做，这样你就能马上吃到冰淇淋了。"妈妈则是一脸坚持。

"好吧。"看到妈妈坚持的样子，可可知道自己只有妥协了。

"快去吧。"这场拉锯战最终以妈妈的胜利而告终。

　　孩子一进家门就急着要吃冰淇淋，不愿意去换鞋、洗手。面对孩子的死缠烂打，妈妈并没有粗暴地说："甭那么多废话，想吃就去把鞋换了，把手洗了。"也没有在与孩子的僵持中妥协，而是温柔而坚定地坚持。让孩子看到自己的坚持，相信下一次孩子一定会乖乖去换鞋，乖乖去洗手。

　　在孩子成长的过程中，孩子会想出千奇百怪的方法向父母提出一些不合理的要求，如哭闹、装可怜、发脾气等。如果一味地向孩子妥协，就可能养成孩子索求无度的坏毛病，所以，当孩子提出一些不合理的要求的时候，一定要温柔而坚决地拒绝，向孩子表明自己的原则和态度。

拒绝"熊孩子"的三类话

星期天，妈妈带着童童去商场买衣服，正临近圣诞节，很多商店的玻璃橱窗里都装饰着圣诞树，架子上摆放着圣诞老人玩偶。妈妈和童童走进一家童装店，妈妈在里面挑童装，童童跑到架子上拿起一个圣诞老人玩偶把玩起来，临走时爱不释手，非要把玩偶拿回家。

"童童，这个玩偶是人家店里的摆件，是非卖品……"妈妈耐心地解释。

"不，我就要嘛。"童童开始跟妈妈撒泼耍赖。

"你这孩子，怎么不听话，快放下，这么多人看着呢！"妈妈觉得有点尴尬。

"不，我就不！"童童一屁股坐在地上，抱着怀里的玩偶不起来，任凭妈妈怎么说都不管用。妈妈又气又恼，想发火，可是转念一想，这是公共场合，难免要注意自己的语言和行为方式，该怎么拒绝孩子的无理取闹呢?

相信这样的场景大家并不陌生,"熊孩子"之所以是"熊孩子",是因为他们根本不分场合,也不管你有没有带钱,也不管喜爱的玩具是否是非卖品,只要他们看上了,就会耍赖撒泼,所以怎么拒绝"熊孩子"的无理取闹让我们十分头疼。其实,当"熊孩子"不听话时,我们可以试试以下3类话语,也许会有出其不意的效果。

1. "……你自己想想,看着办吧!"

这种拒绝方式是把决定权交给孩子,让孩子自己去选择。比如,上面的例子中,面对孩子的胡搅蛮缠,不妨对他说:"我已经说过了,这件玩具是非卖品,即使妈妈想给你买,人家也不卖,所以你再这样也是没有用的,而且你难道想一直这样被叔叔阿姨用奇怪的眼神看着吗?你自己想想,看着办吧!"

再比如,孩子作业还没有做,就嚷着看电视、玩游戏,这时不妨对他说:"你是知道的,你一看电视就停不下来,作业很可能完不成,这样你明天就会受到老师的批评,难道你想当着全班同学的面被老师批评吗?你自己想想,看着办吧。"

很多时候,孩子无理取闹是因为他觉得用这样的方式能得到他想要的,如果我们用肯定的语气告诉他这样行不通,或是把他这样做的后果告诉他,让他自己思考一下,很多时候孩子也能做出明智的选择。

2. "你已经是个大孩子啦……"

孩子的成长速度和其爱护面子的速度极不相符，所以我们常常看到，即使是一个小孩子也会因为面子问题和大人争得面红耳赤，而如果这时我们来一句"你已经是个大孩子啦……"，孩子就会很受用，会更容易接受我们的拒绝之意。

比如，孩子到了商店见什么要什么，不妨对他说"你已经是个大孩子啦，小孩子才会见什么要什么，我们×××是大孩子，知道什么东西该买，什么东西不该买……"

总之，要讲述一个大孩子该有和不该有的表现，并用"大孩子"这个词约束孩子的行为，从而让孩子接受我们的拒绝。

3. "这件事打住，我们换个话题……"

法国著名教育家卢梭曾说："当孩子哭着要东西的时候，无论他是想更快地得到，还是为了使别人不敢不给，家长都应当干脆地加以拒绝。"因此，对于"熊孩子"我们决不能迁就，不能因为孩子哭闹而一味满足他的要求。不过，在拒绝孩子时，我们不能简单粗暴地对孩子大吼大叫或是命令呵斥，而是要学会间接拒绝，比如说："这件事打住，我们换个话题……"

比如，在公共场合，孩子们一贯的伎俩是哭闹，而简单的拒绝是不会让他们放弃哭闹的"缠"功的，这时候我们一定要坚持自己的原则，用平静的语气对孩子说："打住，我们换个话题……"其间可以谈谈孩子喜欢的话题，如即将到来的旅游，下周要去的游乐场，等等。

这样，一方面可以让孩子明白我们的决定不会动摇，另一方面可以趁机转移孩子的注意力。等孩子情绪平复下来后再跟他说为什么要拒绝他，孩子会更容易接受。

代替说"不"的四个小技巧

很多时候，父母会习惯性地对孩子说"不"，但是"不"字说得多了，真的很伤孩子的心，而且孩子会觉得父母是故意而为之，他们会气愤，会生气，甚至会对我们大吼大叫："为什么不可以？我讨厌你……"

即使父母再有耐心，听到自己的孩子对自己这么说也会十分生气，那么我们该怎么做呢？是就此偃旗息鼓，事事顺着孩子，还是继续坚持自己的原则，对孩子大声宣布"你的反抗无效"？显然，这两种极端的做法都不合适，我们完全可以找到一些代替说"不"的方法。这样，既能坚持自己的原则和立场，又能避免招致孩子的不满和反抗。下面是四个代替说"不"的小技巧，仅供大家参考。

1. 给孩子提示，用事实拒绝孩子

情景A：

"妈妈，我想去笑笑家玩一会儿，可以吗？"

"不行。"

"好吧。"孩子闷闷不乐地回屋了。

情景B：

"妈妈，我想去笑笑家玩一会儿，可以吗？"

"妈妈要做饭了，一会儿我们要吃饭。"

"嗯，那我不去了。"孩子得到妈妈的提示后说。

有时候，不需要直接对孩子说"不"，只要给孩子一些提示，告诉他一些显而易见的事，他就知道该怎么选择，怎么做了。

2. 善于延迟满足，用肯定代替"不"

情景A：

"妈妈，我想吃巧克力，您帮我拿一下吧。"

"不行，饭前不能吃零食。"

"我就要吃嘛。"在被妈妈拒绝后，孩子大哭起来。

情景B：

"妈妈，我想吃巧克力，您帮我拿一下吧。"

"当然可以，不过饭后才可以，你现在可以先吃一个苹果。"

"嗯，好吧。"孩子愉快地接受了妈妈的建议。

听到父母说"不"时，孩子可能无法理解父母为什么会拒绝自己的要求，比如不能饭前吃零食，所以对于大人的拒绝，孩子很可能会表现得怒气冲天，即使我们解释了为什么不可以，孩子也会无理取闹。而善用延迟满足，用肯定代替"不"，可以推迟或是代替孩子的请求，让孩子的请求限定在一个较为合理的范围或时间段之内。

3. 考虑一下，给孩子一个合理的答复

情景A：

"我想这个星期去游乐场玩，可以吗？"

"不行，你上个星期已经去过了，不能再去了。"

"我就要去嘛！"孩子准备以耍赖来要挟。

情景B：

"我想这个星期去游乐场玩，可以吗？"

"让我想想好吗？等会儿再给你答复。"

五分钟后，妈妈对孩子说："你知道的，你上个星期刚去过，说实话这个月你的'经费'就要超支了。"

"好吧。"孩子虽然有点失落，不过并没有闹脾气，而是对妈妈的决定表示理解。

面对孩子的请求，不要急着立马去拒绝。"让我想想好吗？"这句看似简单的话语，既可以缓解孩子的紧张情绪，又能让孩子知道大人会认真考虑他的请求，同时利用这段时间，我们也可以整理一下自己的思路，找到一些合适的理由去拒绝孩子。

4. 接纳并说出孩子的感受

情景A：

"我现在还不想回家，能不能多玩一会儿？"

"不行，你已经在这里玩了整整一下午了，现在必须回去！"

对于大人的话，孩子很抗拒，扭扭捏捏不愿意走。

情景B：

"我现在还不想回家，能不能多玩一会儿？"

"我知道你很喜欢这里，要是由你决定的话，你会在这里待很久，要离开这个你喜欢的地方是很难受，妈妈理解你的感受。"妈妈一边牵着孩子的手往外走，一边继续说，"不过，你已经玩了很长时间了，我们得离开了。"

听妈妈这么说，孩子的情绪没有那么糟糕了，反而仰起头对妈妈说："妈妈，那我们有空再来玩。"

"好，有空再来。"

被拒绝是一件让人感到很糟糕的事，如果能听到拒绝者的理解和同情，我们的内心就会得到一些安慰。在拒绝孩子时，不要张口就说"不可以""不能""不行"，而是应该试着接纳并说出孩子的心情和感受，这样孩子才会感觉到自己被关心，被理解，也就会试着接受我们的拒绝。

你善于与孩子沟通吗？你与孩子之间有沟通障碍吗？可以做做下面关于沟通能力的小测试。

1. 每天你会花至少2个小时陪孩子一起学习和玩耍吗？

A. 会

B. 只有休息的时候会

C. 不会，工作太忙了

2. 孩子经常犯错，你会原谅孩子，且不翻旧账吗？

A. 是的，总是这样做

B. 那要看孩子犯的是什么错

C. 经常提起，是为了让孩子长记性

3. 你是否经常和孩子谈心，说一些心里话？

A. 是的

B. 偶尔说说

C. 几乎不怎么说

4. 拒绝孩子时，你会解释原因还是直接拒绝？

A. 解释清楚，给孩子一个理由

B. 只是简单地说"不行"

C. 从来不解释

5. 孩子不听话，你是打骂还是跟他讲道理？

A. 以讲道理为主，争取在不打骂的情况下教育孩子

B. 有时会打，有时也会讲道理

C. 经常动手，有时轻，有时重

6. 孩子犯错时，你会惩罚孩子吗？

A. 几乎很少惩罚，以批评教育为主

B. 有时会惩罚

C. 经常惩罚

7. 当孩子闹情绪时，你会经常失去自控，乱发脾气，严厉斥责孩子吗？

A. 几乎很少乱发脾气，严厉斥责孩子

B. 有时会控制不住自己，乱发脾气

C. 经常失去自控，对孩子发脾气

8. 跟孩子讲道理，孩子会很快明白你所说的吗？

A. 很快

B. 偶尔不是很懂

C. 怎么讲道理，孩子都听不懂

9. 孩子听你的教导吗？

A. 听，而且很有效

B. 有时听，有时当成耳旁风

C. 几乎不听，孩子很难管

10. 与孩子沟通时，你的感觉是？

A. 很顺畅，没什么阻碍

B. 有时费劲些

C. 感觉太费劲，根本不在同一个频道上

计分方法

以上各题选择A得5分，选择B得3分，选择C得1分，然后计算总分。

测试结果分析

10～21分：缺乏沟通能力，跟孩子之间出现了沟通障碍，为此要多学一点儿童心理学知识，同时加强自己的沟通能力。

22～35分：沟通能力有待加强，与孩子基本的沟通没问题，亲子关系还不错，需要做的是进一步学习沟通技巧，给予孩子多一些耐心和陪伴。

36～50分：沟通能力很强，注重与孩子的情感交流，尊重孩子的个性，亲子关系不错，继续保持。

下篇

倾听有态度，聆听
孩子
内心深处的声音

没有不会表达的孩子，只有不会倾听的父母

孩子也有自己的小烦恼，也希望有人能理解，希望向人倾诉，可是我们作为孩子最亲近的人，却很少耐心倾听孩子的心声，致使我们和孩子的心理距离越来越远。实际上，真正的沟通是从心与心的对话开始的，即从真诚的倾听开始的，不会做一个合格的倾听者，就不可能成为合格的父母。为此，从现在起去倾听孩子的心声，包容孩子的情绪，并给予孩子积极、热情的回应吧！

做善于倾听的父母

　　每个孩子都是可爱的精灵，他们总是容易与人相处、合作。不过，即使是再善良的孩子，与他人相处的过程中也会有摩擦。而当孩子被愤怒、悲伤等情绪困扰时，就会出现一些令人烦恼的行为，如大哭大闹，摔东西等。其实，这不仅仅是孩子宣泄情绪的表现，更是孩子在通过这些行为来引起大人的注意，希望得到大人的关注。

　　4岁的莉莉是一个可爱的小姑娘，可是有一天，她怒气冲冲地跑回家，用尽力气把门一摔，连墙上的画都被震得"哐当哐当"响。接着她躺在沙发上"呜呜"地哭起来。

情景A：

"作死啊，把门摔得那么大声！"妈妈正在电脑前整理一个文档，被莉莉的摔门声吓了一跳，有点气急败坏，"怎么了这是？哭哭啼啼的！"

"我的毛……毛……被抢走了……"莉莉泣不成声。

"什么毛毛？别哭了，到底怎么回事？好好说！"

"就是毛毛，毛毛嘛！"

"什么乱七八糟的，不许哭了，哭得我心烦！"

听到妈妈这么说，莉莉哭得更伤心了，"呜呜呜"地跑回了自己的房间。

情景B：

妈妈正在电脑前整理一个文档，突然被突如其来的摔门声吓了一跳。妈妈有点气恼，可是听到孩子的哭泣声的时候，妈妈调整了自己的情绪，放下了手中的工作，轻轻走过去坐在女儿身边，温和地问："怎么了孩子，哭得这么伤心？"

"我的毛……毛……被抢走了……"莉莉泣不成声。

"毛毛？是你的玩具吗？"

"是小熊毛毛。"

"那你能告诉妈妈是怎么回事吗？"

"刚才，我和我的毛毛一起玩耍，过来一个小男孩……"

妈妈耐心地听着女儿诉说事情的经过，在妈妈的安慰下，女儿的情绪渐渐平复了下来。

手头上的工作被突如其来的摔门声和哭泣声打断，妈妈有点气恼，面对女儿的情绪宣泄，情景A中的妈妈没有给女儿解释的机会，而是以一种批评、责问的态度去和女儿交流，结果孩子没有得到妈妈的安慰，反而还被妈妈训斥了一顿。而情景B中的妈妈是一位很好的倾听者，专注于女儿的情绪，积极地聆听孩子哭泣的缘由，疏导了孩子的不良情绪，给予了孩子心理上的安慰。

俗话说"一双善于倾听的耳朵胜过十张能说会道的嘴巴。"从沟通角度而言，倾听也是一种有效的沟通方式。在教育孩子，与孩子沟通时也同样如此，父母只有善于倾听孩子，才能知道孩子心里在想什么，孩子的关注点在哪里，孩子的成长过程中需要什么。

孩子在成长的过程中难免会遇到挫折和委屈，孩子需要一个倾诉的港湾，需要我们的关怀和温暖，所以这时候耳朵比嘴巴更重要。为此，我们要做善于倾听的父母，去倾听孩子内心的声音，去理解孩子的感受。当然，这不是说我们要放着当下的问题不处理，而是应该等到孩子情绪平静之后再和孩子认真谈谈，如上例中，当孩子不再哭泣时，告诉孩子生气的时候不应该摔门、摔东西，或是教孩子一些管理愤怒情绪的方法。

总之，作为父母，我们要做好一个倾听者，善于倾听孩子的心声，包容孩子的情绪，给予孩子积极正面的回应，这样就能更好地与孩子的情感进行联结，孩子也会愿意向我们吐露心声。

再忙也要倾听孩子的心声

　　孩子虽然还小，但也有自己的活动圈子，也有自己的喜怒哀乐，也需要有自己的倾诉对象，而父母是孩子最亲近的人，理应成为孩子一诉衷肠的人。可是实际上，很多父母都是一个糟糕的倾听者，甚至因为工作太忙，抽不出一点点时间去倾听孩子的心声，陪伴孩子。

　　慧慧上学一直是妈妈接送，可是最近妈妈工作实在是太忙了，每天早起晚睡，连陪伴慧慧的时间都挤不出来。无奈之下，妈妈只好把接送孩子的艰巨任务交给了爸爸。

　　可是慧慧习惯了妈妈接送。一天早上，天刚蒙蒙亮，妈妈起床的声音稍微大了一点儿，惊醒了慧慧，慧慧揉着惺忪的睡眼对妈妈撒娇说："妈妈，妈妈，今天您能送我去上学吗？"

"乖，妈妈要赶着去上班，而且时间还早，你再睡会儿，等一会儿让爸爸送你去上学。"妈妈指了指还在打呼噜的爸爸说。

"不嘛，我就要妈妈送。"慧慧噘着嘴，假装生气了。

妈妈忙着穿衣服、鞋子，没有回答慧慧。慧慧见妈妈没有应答，似乎有点儿生气了，便吵闹着说："妈妈，妈妈，听我说嘛，听我说……"

"好，好。"妈妈一边随口答应着，一边快速整理好了衣服。

"妈妈……您看着我，看着我嘛。"慧慧的声音里已经有点哭腔了。

妈妈只好坐在床边，无奈地睁着大眼睛看着慧慧。这时慧慧一下子扑了上来，在妈妈的额头上吻了一下，然后用恳求的眼神看着妈妈说："妈妈，晚上您能早一点回来吗？"

妈妈听了，笑着点了点头，抚摸着女儿的头轻轻地说："嗯，好。"

　第六章　没有不会表达的孩子，只有不会倾听的父母

看到这似曾相识的一幕，我们感同身受，有些许的无奈，但更多的是淡淡的愧疚，那么作为父母的我们是否曾经留意，我们的孩子也曾像慧慧一样，重复着无数遍"妈妈，听我说"呢？我们的孩子是否也学会了观察，当我们随口敷衍时，孩子恳求地说"妈妈，看着我"呢？其实，孩子需要我们的倾听，需要我们的陪伴，只要我们静下心来倾听，就能听到孩子的呼唤。

　　然而，在实际生活中，有多少父母能静下心来倾听孩子的心声？很多父母每天都是只顾着忙自己的工作，很少花时间去倾听孩子的心声。久而久之，与孩子的沟通机会就会越来越少，亲子关系难免会受到影响。而当我们意识到这一点，想和孩子谈谈心的时候，恐怕孩子的心门已经很难向我们打开了。

　　所以，即使我们工作再忙，也应该挤出一些时间去关注孩子，去倾听孩子内心深处的需求，而不是让孩子在孤独中成长。

有效倾听才能良好沟通

孩子经常抱怨父母："太没意思了，我一点儿也不想和他们说话。""他们不是真的理解我。""他们经常误解我的意思。"……如果听到孩子这样抱怨，请不要急着发火，而是应该认真问自己这样一个问题："我是一个合格的倾听者吗？"

确实，看似我们是做到了倾听，可是很少做到有效倾听，这样的倾听看起来像是一个录音过程，即只是把声音录进自己的脑袋里，而声音传达的思想是什么，我们很少考虑。

孩子一脸疲惫地回到了家，向妈妈抱怨学校的作业太多了。

情景A：

"妈妈，老师留的作业太多了，真不想做。"

"留作业是为了巩固课堂知识，作业多是老师为你们好。"

"我知道啊，我又没说老师不好……"

……

情景B：

"每天都留这么多作业，真是一点儿也不想做了。"

"又不是你一个人作业多，大家都这样，有什么好抱怨的。"

"我没说别人作业不多，我就是觉得做作业太累了……"

"有什么可累的，总比干活强吧。"

……

情景C：

"真是太烦人了，又留这么多作业！"

"作业太多了？要不你休息一会儿再做吧。"

"嗯，先吃饱休息好再说。"

"对嘛，身体是革命的本钱。"

……

想必大家对这样的场景都很熟悉，在情景A和情景B中，面对孩子的抱怨，妈妈没能站在孩子的立场好好考虑孩子的感受，没能听懂孩子对情绪宣泄的需要，而只是一味地规劝和教导，引起了孩子的顶嘴和反抗，我们可以想象，之后的亲子沟通势必难以进行下去。而在情景C中，妈妈做到了有效倾听，真正听懂了孩子的心声：我不是真的不想做作业，我只是想找个人倾诉一下罢了，我需要爸爸妈妈的体贴和关心。

由于种种原因，孩子往往不愿或是不习惯把自己内心的意思直接说出来，而是委婉地表达出来，这就要求我们不仅要去倾听孩子说了什么，还要去思考孩子话语里包含的意思是什么，即听那些没有声音的话，这才叫有效倾听。

有效倾听是良好沟通的前提，能帮助我们更好地了解孩子的感觉和情绪，从而真正了解孩子内心的需求，那么怎样才能做到有效倾听呢？

首先，要有倾听的态度，尽可能倾听孩子说话。当孩子主动和我们说话的时候，正是我们了解孩子的最好时机，这时良好的倾听态度无疑是在告诉孩子：我们关心他，在意他。孩子自然乐意和我们分享他的喜怒哀乐。

其次，把握一些倾听时的基本原则，如尽可能地尊重孩子，允许孩子自由表达自己的观点；专注于孩子的倾诉，不要因为自己的事情而分心；识别孩子所谈问题的症结所在，寻找孩子内心的真正需求；等等。

最后，帮助和引导孩子释放情绪。倾听孩子的心声其实也是帮助孩子解决问题和烦恼的过程，为此，作为一个合格的倾听者，我们要学会帮助孩子解决一些实际问题，帮助孩子释放不良情绪，帮助孩子重新振作起来。

用心听懂孩子的话外音

在倾听孩子的话时，大多数父母往往只注意到孩子语言的表层意思，而忽略了那些隐含在言语之外的真实意图，其实，我们不要小瞧这些年幼的孩子，他们是很灵巧的，他们的话语中也会隐藏自己的小心思。如果我们不用心去聆听，而是直白地去理解，甚至对孩子的话外音充耳不闻，那么我们很容易就会误解孩子的意思，伤害孩子的内心。比如，当孩子认真地看着你的眼睛，跟你说"妈妈，明天周末了"的时候，也许他是在表达自己的愿望。

厨房里，妈妈正忙着为一家人准备午餐，峰峰轻轻推开厨房的门，对妈妈说："妈妈，明天周末了。"

"嗯，我知道啊，这还用你说吗？"妈妈正忙着把切好的菜下锅，随口答道。

"妈妈，天气预报说，明天是个好天气呢。"

"你什么时候开始关心这个了？以前你连下雨都不带伞。"

峰峰有点泄气了，不过他还是鼓起勇气提醒妈妈："妈妈，您上个星期不是说……"

"我说什么了？正忙着呢。"妈妈头也不抬地回答。

"那算了。"峰峰嘟囔了一句，闷闷不乐地准备离开。

"你这孩子，有什么就说，吞吞吐吐的，还有没有个男孩子该有的样子！"妈妈见儿子一副吞吞吐吐的样子，有点生气。

"没事了。"被妈妈这么一说，峰峰更是不敢再提星期天去游乐场的事，看了妈妈一眼，闷不吭声地回到了自己的屋子里。

从妈妈的言辞和峰峰的表现来看，峰峰妈妈平时的家教还是比较严厉的，为此我们猜测峰峰可能是怕妈妈不同意，甚至责问他，

所以并没有直接说出妈妈答应他去游乐场的事，而是旁敲侧击地提醒妈妈，先说"明天周末"，然后说"明天是个好天气"，可是正在忙碌的妈妈并没有听懂孩子的话外音，反而觉得孩子是在给自己添乱，甚至斥责了峰峰。最后，峰峰只好隐藏自己内心真实的想法，怀着糟糕的心情把自己关进了房间里面。

很多时候，孩子会因为各种原因不愿意直接吐露自己内心的想法，而是通过试探、提醒的方式向我们暗示，希望我们能明白他的真实意图。可是我们往往不善于察言观色，没能很好地理解孩子的话外音，觉得孩子实在是莫名其妙，甚至斥责孩子，结果孩子只能把自己的真实想法埋在内心深处。

长此以往，不仅亲子沟通会出现问题，还可能会造成孩子自闭、孤僻的性格。为此，我们要学会用心去倾听，理解孩子的话外音，这样才能知道孩子心中所想，从而让亲子沟通越来越顺畅。这里我们分享给大家两个小技巧：

其一，善于观察孩子反常的、细微的语言及行为信号，比如孩子的语言、声调、表情、动作等。例如，大多数孩子在试探父母时都会有以下表现：说一些莫名的语言，紧张地眨眼、偷瞄、搓手、揉衣角等。我们要多一点细心，善于抓住这些细节，这样就能为理解孩子的话外音奠定基础。

其二，要善于理解孩子的话外音。我们应该学会倾听孩子话语中的深层意思，弄清楚孩子想要表达的究竟是什么。比如，孩子说："我们班同学有上课带手机的。"这时我们要注意，因为孩子很可能是在试探我们的态度，表示他也想拥有一部手机。再比如，孩子说："我肚子痛。"这时我们也要注意，因为孩子很可能是在找不想上学的借口。

当然，因为很容易被孩子拐弯抹角的说话方式弄得茫然不知所措，所以我们需要更多的耐心，并且在回答孩子问题的时候要迅速地想一想：孩子在问什么？孩子想告诉我什么？这样，形成一定的思考习惯后，也有利于我们理解孩子的话外音。

倾听误区1：轻易打断孩子的话

英国教育家斯宾塞曾说："孩子在想什么？面临什么问题？孩子的内心世界就像一个藏满秘密的盒子。在这个盒子里，有动物，有人物，有梦境，有情绪，杂乱无章地塞在里面。如果不经意地打开，也许会从里面跑出来一只老鼠，吓你一大跳。"

所以，父母想要走进孩子的内心世界，倾听是一件很重要的事。但是我们也发现，在倾听的过程中，很多父母也会走入各种各样的误区，不仅没有达到想要的效果，反而给孩子带来了很大的心理伤害，比如很多父母会习惯性地打断孩子的话。

老师发现最近君君变了，以前的君君活泼开朗，现在却变得沉默寡言，经过老师的细心了解，才知道君君不爱说话的原因。

原来，以前每天放学回家后，君君都会把学校里发生的趣事说给父母听。刚开始时，爸爸妈妈还能认真听，可是时间长了，爸爸妈妈觉得有点烦，而且觉得君君应该把聊天的时间用在学习上，因此每当君君兴高采烈地说话时，爸爸妈妈就会打断他："学校里不就那点事儿？天天说，有什么可说的？赶紧去做作业！"在爸爸妈妈那里碰了几次壁后，君君在家里说话越来越少了，再加上爸爸妈妈管得比较严，他渐渐变得沉默寡言起来。

很多父母在倾听孩子的话的过程中缺乏该有的耐心，总是习惯性地去打断孩子的话，其实这不仅仅是不尊重孩子的表现，长此以往还会让孩子产生心理障碍，让孩子变得孤僻、内向。除此之外，总是轻易打断孩子的话还会打断孩子的思维，造成孩子思绪上的中断和混乱，从而影响孩子思维能力和表达能力的发展。

文文上小学后，老师发现文文的表达能力非常差，常常说着说着就停在了那里，好像被突然打断一样。后来，爸爸妈妈带文文看了医生才知道，原来这是自己经常打断孩子说话造成的。原来，文文从小就语迟，看着小家伙说话着急的样子，爸爸妈妈更是着急，经常是孩子说到一半，爸爸妈妈就打断他，然后替他说出来，结果造成了文文不能完整地思考、表达一件事。

在听了医生的指导后，爸爸妈妈不再轻易打断孩子说话，而是耐心地倾听，给文文充分表达的机会。经过几个月的努力，文文的表达能力和思维能力终于和其他孩子一样了。

有些孩子的语言表达能力发展较为缓慢，心急的父母看在眼里急在心上，很可能会拔苗助长，经常打断孩子说话，替孩子说出他要表达的意思。可是，这样会让孩子的思维处于真空状态，表达能力更是得不到锻炼，正如例子中的文文一样。所以，作为明智的父母，我们应该给予孩子耐心，做一个合格的倾听者，这样才能让孩子健康成长。

　　总之，想要做善于倾听的家长，就要对孩子的倾诉多一点耐心，不能随便打断孩子的话，这样，孩子才有机会倾诉，孩子的表达能力和思维能力也才能得到发展。

倾听误区2：急着否定孩子的话

孩子说的话都对吗？当然不是，而且在很多大人看来，孩子因为年纪较小，缺乏社会阅历，对人和事的理解很多都是错误的，自然说出的话也是错误的。所以很多时候，我们会一味地否定孩子，尤其是在孩子犯错时，总是急着否定孩子的话，不给孩子解释的机会。

爸爸回到家发现新买的花瓶碎成了几块，十分生气，心想：一定是调皮的儿子打碎的。于是，他怒气冲冲地冲进屋子喊："丁丁，你给我出来！"丁丁被突如其来的呵斥声吓了一跳，赶忙放下手里的玩具，战战兢兢地出来，不知道自己做错了什么事。

"这是怎么回事？"爸爸指着地上的碎片质问。

"我不知道啊，我没看到……"丁丁急着解释。

"还撒谎？妈妈不在家，我刚刚回来，不是你打碎的还会是谁？肯定是你。"爸爸不听丁丁的解释，一口咬定是丁丁闯的祸。

"不是我啊，真的不是我……"丁丁委屈得要掉下眼泪来。

"还说不是？不老实交代，看我不揍你……"

正在这时，妈妈回来了，看着眼前父子俩浓重的烟火味儿，妈妈很抱歉地说："那个……是我早上急着出门的时候不小心带倒的，我怕时间来不及，就没收拾，工作一忙就把这件事忘了，不是孩子弄的。"

这下真相大白，爸爸一脸窘迫，同时为刚才的行为感到有些不好意思，悔不该不听孩子的解释就妄下结论，孩子一定感到很委屈很伤心。想到这里，爸爸诚恳地向孩子道歉："儿子，对不起，是爸爸不听你解释，冤枉你了，你原谅爸爸好不好？"

"那您以后可不能随便冤枉我，这样我会很伤心的。"

"嗯，爸爸向你保证，以后不会这样了。"

"好吧，那我原谅您了。"

爸爸发现新买的花瓶被打碎后很生气，面对孩子的辩解，爸爸一口否定，如果不是妈妈及时回来，爸爸很可能会一直冤枉孩子。其实，很多父母都会犯类似丁丁那样的错误，即在倾听孩子的话的过程中，习惯性地把自己的主观想法强加在孩子身上，轻易地否定孩子，丝毫不给孩子说话的机会。

比如，我们经常可以看到，一些父母在孩子犯错后不听孩子的解释，孩子一说什么就急着去否定。其实，急着否定孩子无疑是对孩子的一种伤害，因为经常被否定的孩子不敢表达自己的见解，不敢倾诉心中的委屈，做事情也会缺乏自信、唯唯诺诺。我们常说"没有调查就没有发言权"，很多时候我们不能凭自己的主观臆断去判断孩子行为的对错。而如果我们能静下心来，听听孩子的解释，我们也许会发现，事情并不是我们想象的那样。

放下大人的架子，倾听从尊重开始

苏联教育家霍姆林斯基说过："每个孩子都是一个世界——完全特殊的独一无二的世界。"我们要想了解孩子丰富的内心世界，就应该放下大人的架子，从倾听开始。而倾听孩子的话，首先要做到尊重孩子，因为孩子有自己的思想，有自己的个性，有自己的独立人格。为此，我们必须要调整自己高高在上的心态，放下架子，以平等、理解、接纳和认真的态度去面对孩子的倾诉，这才是一个合格的倾听者应有的姿态。

放低姿态，蹲下来听孩子慢慢说

　　尊重孩子是教育中不可忽视的重要内容。这要求父母说话时，或在倾听孩子说话时应该放低姿态，这样孩子才能感受到父母的尊重和关爱，才会更容易向父母吐露心声。

　　五年级的菁菁是个活泼开朗的小女孩，可是最近妈妈却发现菁菁经常一个人闷闷不乐，不像以前那么爱说笑了，有时候还会把自己关在屋子里，不知道在干什么。妈妈猜想菁菁一定有什么心事，决定找个机会好好和孩子谈一谈。

　　晚饭后，菁菁看了一会儿电视就回屋了，妈妈拿了一杯热腾腾的牛奶，轻轻地敲了敲门："菁菁，妈妈可以进来吗？"菁菁答应了一声，把妈妈让了进来。

　　"谢谢妈妈。"菁菁接过牛奶，乖巧地说。

"菁菁，妈妈发现你最近好像不开心，能和妈妈说说发生了什么事吗？"妈妈蹲下身子，亲切地注视着女儿的眼睛。

菁菁看着妈妈，好像想要说什么，可是沉默了几秒，便低着头不再说话了。

"菁菁，你忘啦，妈妈也是你的好朋友，无论什么事，你都可以和妈妈分享呀。"妈妈拉起女儿的小手说。

"妈妈，我跟您说吧，最近我经常给同桌讲题，可是有一天他却说喜欢上我了，我不知道该怎么办，我不想破坏我们的友谊……"

"菁菁，妈妈能体会到你的感受，妈妈在你这个年龄时也遇到过类似的事，有一个小男孩说喜欢妈妈，不过妈妈只想和他做朋友，所以妈妈很认真地和他说清楚了，后来我们就成了很好的朋友。"

"那我也应该去和他说清楚吗？"菁菁眨着眼睛问。

"嗯，妈妈支持你这样做，只要你诚恳地告诉他，做朋友其实挺好的，可以相互帮助和学习，我想他会想通的。如果你有什么困难，妈妈会随时支援你，怎么样？"

"嗯，谢谢妈妈。"听了妈妈的话，菁菁终于解开了心结，脸上又现出以往的笑容。

孩子在成长的过程中会遇到很多烦恼，有些烦恼可以很容易地解决，而有些烦恼却会成为孩子的心结。就像例子中的菁菁一样，当同桌说喜欢她时，菁菁很苦恼，她不想破坏友情，也不知道该怎么拒绝，为了这件事闷闷不乐。

好在妈妈及时发现了女儿的异常，找了一个时机去倾听孩子的烦恼。其间，我们发现妈妈运用了几个小技巧。比如，为了让菁菁吐露心声，妈妈特意准备了一杯热腾腾的牛奶，在倾听孩子的话时蹲下身子亲切地注视着孩子的眼睛；当菁菁不好意思开口时，妈妈拉着孩子的手，以朋友的口吻拉近和孩子之间的距离，最终让孩子说出了心事。

放低姿态，蹲下来听孩子说话，这不仅仅是一种教育方式，更是一种教子态度。当我们蹲下来跟孩子说话时，孩子看到的不再是趾高气扬的父母，而是跟自己沟通的小伙伴。亲切地注视着孩子的眼睛，能让孩子感受到来自大人的尊重，再加上以朋友的口吻和孩子说话，很容易打开孩子的心扉，让孩子自觉地说出心里话。

理解并尊重孩子的想法

　　每一个孩子都是独立的生命个体，有着自己的思维方式，也许受制于年龄，他们的想法和见解有些偏颇，可是我们仍然应该给予理解和尊重，毕竟那是他们思考的成果，是他们智慧的结晶。

　　妈妈在检查赫赫的语文作业时，发现有一道题是在括号里填上合适的词语，其中有两个词语赫赫是这样填的：（蓝色）的天空、（红色）的枫叶。乍一看上去，没什么问题，可是读了两遍后，感觉怪怪的，直觉告诉妈妈，这样填并不合适。于是，妈妈翻了一下题目的答案，证实自己的想法果然是正确的。

　　"儿子，你看看这两个空，妈妈觉得这样填不是很合适，你觉得呢？"妈妈把题目拿给赫赫看。

　　"蓝色的天空，红色的枫叶……妈妈，我觉得对呀。"赫赫读了几遍，依然坚持自己的想法。

"那你觉得这样是不是更合适呢？蔚蓝的天空，火红的枫叶。"妈妈把自己的想法告诉给孩子。

"嗯，妈妈您说的是对的。"赫赫赞许地说，不过很快赫赫就有点认真地说，"妈妈，我觉得我这样也可以，您应该尊重我的想法，而且我们老师说，孩子在做题目时家长不能把正确的答案告诉给孩子，那样相当于作弊。"

听儿子这么说，妈妈有点尴尬，与此同时也开始反思自己的行为：是的，孩子有孩子的想法，我们为什么非要把自己的想法强加给孩子呢？

成人渴望被尊重，其实孩子也一样，不要看孩子年幼，其实他们也有自己的思维判断，有自己的坚持。为此，我们应该去理解孩子的想法，并给予孩子应有的尊重。当然，孩子因为年龄较小的缘故，也会冒出一些天马行空的想法，我们应该试着去理解。

星期天，妈妈带茵茵去动物园，这是茵茵第一次去动物园，小家伙兴奋得不行，回到家后仍旧意犹未尽，不停地对妈妈讲述在动物园里看到的一切："妈妈，妈妈，我看到了会飞的大象，它还带我回来了呢。"

"瞎说，哪有会飞的大象？而且你是坐妈妈的车回来的，不是大象带你飞回来的。"

"就是大象啊，它有长长的鼻子，还有大大的翅膀。"

"大象怎么会有翅膀？你这孩子就知道瞎说。"

"有的，有的。"

"有什么有，再瞎说我可生气了。"

茵茵赶紧闭嘴不说了。

在孩子的世界里，很多东西是由他们丰富的想象力创造出来的，特别是两三岁、三四岁的孩子，他们的想象力爆棚，时不时就会说出一些天马行空的话，不过因为他们不能很好地区分想象和现实，所以常常把想象当成是现实，这才有了我们在例子中看到的那一幕。

面对孩子天真的奇思妙想，我们应该静下心来倾听，理解并尊重孩子的想法，尽量避免那些不以为然的反应，如"你这样不对""这有什么大不了""你这样想太可笑了"，等等。这些话语很可能会让孩子感到沮丧，从而让孩子关闭分享心灵感受的大门。

孩子有了自我意识之后便开始思考这个世界，思考他所遇到的每一件事，与此同时也产生了自己的想法。这是非常可贵的。当孩子表达自己的看法时，无论是非对错，父母都应该给予尊重，给予孩子自由表达的权利。这样一方面可以锻炼孩子的思考意识和表达能力，另一方面还有助于父母发现、了解孩子的真实想法。

总之，我们作为父母，千万不能因为孩子还小，就疏忽了他们的想法和见解，而是应该静下心来，听孩子诉说，并给予孩子足够的尊重，这样才能开启孩子的心灵世界，给予孩子更广阔的成长空间。

体会并接纳孩子的情绪和感受

现在请想象一下，如果你的孩子放学回家后情绪十分糟糕，甚至摔打东西，这时你的第一反应是什么？

（1）觉得孩子太不懂事，太任性！

（2）孩子一定是发生了什么，我该怎样和他沟通？

这两种反应映射了父母倾听孩子的话时两种不同的态度，这两种态度的结果会一样吗？我们先来看看下面的例子：

孩子回家时气鼓鼓的，没向妈妈打招呼，把书包丢在了茶几上。妈妈坐过来，关心地问："谁惹着我们的小祖宗了？"

"还不是我们英语老师。"

"英语老师怎么惹你了？"

"早上第一节是英语课，我迟到了两分钟，他就当着全班同学的面批评我，弄得我很没面子，以后同学们怎么看我啊，我讨厌死他了。"

"这孩子，多大点事儿，不就是被老师批评了几句，有什么可气的？老师批评你是为你好，这样你才能长记性，明天早点起。我待会儿就把你的闹钟调早一点。"

听到妈妈这么说，孩子心想：以后再也不和妈妈说了，她一点都不理解我。接着，孩子带着委屈和气愤回到了自己的房间，"哐当"一声把门重重地关上了。

"这孩子怎么这么大脾气？"妈妈很苦恼，觉得孩子太不懂事了。

孩子在学校里受了委屈，回到家向妈妈倾诉，孩子想要的是妈妈的理解和接纳，可是妈妈却否定了孩子的感受，认为这没什么大不了的，认为孩子不应该讨厌老师，因为老师批评他是为了他好……总之，在倾听孩子的话时，妈妈并没有理解和接纳孩子的感受，于是孩子觉得妈妈一点也不理解自己，带着委屈和气愤回屋了。

其实，孩子之所以将心中的事说给我们听，仅仅是想得到我们的认可和接纳罢了。我们只需要安静地倾听，体会并接纳孩子的情绪和感受，就能给孩子莫大的安慰。比如上面的例子，如果妈妈换一种倾听姿态，就会取得更好的效果。

孩子回家后向妈妈抱怨，说英语老师因为自己迟到了两分钟当着全班同学的面批评了他，让他很没面子，很愤怒。妈妈认真地听孩子说，然后说："哦，是这样啊，确实挺没面子的。"

　　"可不是吗？全班同学都齐刷刷地看着我，尴尬死了。"

　　"想想是挺尴尬的，那你以后要早点起了。"

　　"嗯，我得把闹钟调早一点，这样就不会迟到了。"

　　"好呀，那妈妈也早一点起来给你做早餐吧。"

　　"嗯，谢谢妈妈。"

　　面对孩子的委屈和抱怨，妈妈并没有否定孩子的情绪和感受，而是全然接纳："确实挺没面子的。""想想是挺尴尬。"看似简单的话语却让孩子感受到了妈妈的关怀和理解，使孩子的情绪渐渐稳定下来，甚至自己找出了解决问题的方法，即把闹钟调早一点。

　　孩子和父母是两个独立的个体，有不同的感知系统，也有各自真实的情绪和感受，而完全接纳孩子的情绪和感受，就是抛去责问和批评，认真倾听孩子的情绪和感受背后的原因，对孩子表示同情和理解，并和孩子一起讨论解决问题的方法。

用全神贯注代替心不在焉

与孩子相处需要用心，倾听孩子的话需要高效率的陪伴，可是很多父母在听孩子说话的时候总是心不在焉，习惯性地敷衍孩子："嗯，我听着呢。""你说什么？""我知道了。"这些话看似无伤大雅，却很容易伤孩子的心。

寒寒刚上小学，平时十分喜欢看书。一天晚饭过后，一家三口坐在茶几旁，妈妈在织毛衣，爸爸在玩手机，寒寒则抱着一本笑话书看得津津有味。忽然寒寒放下书本，对着身边的爸爸说："爸爸，爸爸，您看这个笑话，好好笑。"

"嗯，是吗？你自己看吧。"爸爸正忙着玩手机，随口答道。

"那我讲给您听吧。"寒寒依旧兴致勃勃地说。

"嗯，你讲吧。"爸爸头也没抬，心不在焉地回答。

"在澳大利亚的草原上……爸爸您有没有在听嘛？"寒寒开始讲笑话，可是看到爸爸丝毫没有在听的样子，寒寒噘着嘴，有点不高兴了。

"在听，在听，继续讲，爸爸听着呢。"爸爸抬起头看了一眼说。

"那我重讲好了，在澳大利亚的草原上有两只奶牛，有一天，一头对另一头说：'嗨，最近流行疯牛病，你说我们会不会得？'另一头不屑地回答说：'怕什么，我们不是袋鼠吗？'哈哈哈，爸爸，这个太好笑了。"寒寒绘声绘色地讲完了笑话，自己乐个不停，而爸爸却盯着手机无动于衷。

"爸爸……"看到爸爸对自己讲的笑话没有反应，寒寒有点失落和伤心。

"嗯？爸爸听了，很好笑。"爸爸敷衍着回答。

"您根本就没有认真听。"寒寒噘着嘴，不乐意了。

"听了，听了，爸爸听了。"爸爸搪塞说。

"那您说说我刚才讲什么了？"寒寒问。

"澳大利亚……奶牛什么的。"爸爸说不上来，朦胧中只记得这几个词。

"您看，您都说不清楚，我再也不想和您说话了……"寒寒气得跑回房间去了。

　　孩子看到一个很好笑的笑话，想要和爸爸分享，可是爸爸却只顾着玩手机，根本没有听孩子讲的笑话，致使孩子很伤心。其实，类似的场景在很多家庭都上演过，一些父母在倾听孩子说话时，总是不能专心致志，不是心不在焉就是分心走神，更有甚者，一些父母只顾玩手机、看电视，根本对孩子的话不在意。在这种情形下，孩子会有一种失落感和不受重视感，谈话的热情和兴致也会被浇灭。长此以往，孩子会逐渐丧失与父母谈话的意愿，不愿意向父母打开心门。

　　真正的倾听，不仅要用耳朵听，更要用心去听。作为父母，我们应该清醒地认识到，只有用心、专心倾听孩子的话，孩子才会感受到我们对他的尊重，也唯有如此，才能让孩子保持与我们谈话的主动和热情，从而在潜移默化中增进亲子之间的感情。

因此，无论孩子在什么时候谈话，谈什么内容，我们都应该做一个全神贯注的倾听者，而不能心不在焉。如果自己确实因为某些事情抽不出时间来，也不能以一句"我很忙"简单地回应孩子，而是应该给孩子具体地解释，尽量赢得孩子的理解与体谅。

以平等的姿态耐心倾听孩子的话

曾经看到这样一个小故事：

妈妈和孩子聊天，妈妈问："你长大以后想做什么？"孩子歪着脑袋沉思了一会儿，然后有点害羞地低着头，附在妈妈耳边轻轻地说："妈妈，我想做小偷！"听到孩子这样说，妈妈既吃惊又诧异，本想训斥孩子，不过在强烈的好奇心的驱使下，妈妈问孩子："能告诉妈妈为什么想做小偷吗？"

孩子不好意思地说："我，我想偷一缕阳光送给妈妈，这样冬天妈妈就不再那么怕冷了；我想偷一片光明给盲人，这样他们就能感受到这个世界的多姿多彩了……"

听女儿这么说，妈妈很感动，在女儿的额头上亲吻了一下，把女儿紧紧地搂在了怀里。

这是一位幸运的妈妈，因为她有一个懂事、体贴、善良的女儿。同时，她又是一位有耐心的妈妈，并且正是因为这份耐心，她才按捺住了想要指责孩子的情绪，耐心地听完了孩子的诉说。否则，她不仅会错过一段如诗般美丽的话语，还可能会伤害到孩子那颗纯真、善良的心。

其实这就告诉我们，在倾听孩子的话时，要学会给孩子话语权，耐心地倾听孩子讲话，这样才能让孩子尽情地去表达、去诉说。

一位爸爸这样总结他的教子经验：

接送孩子上下学本来是一件累人的事儿，可是在我看来却是一天当中最为美好的时光，因为每到这时候，我都会从田田嘴里听到各种各样的校园"趣事"，比如谁的课本被涂了小黄鸭啦，谁和谁闹别扭啦，谁被老师表扬啦，谁又被老师批评啦，等等。其实很多时候，田田讲的事没什么意思，但我还是很耐心地听着。

一次，田田跟我说他做完课间操后感觉肚子不舒服，就去了卫生间，等到进教室时正好赶上学校检查人数，检查老师误以为田田是玩耍刚跑回来，于是田田就此丢掉了一朵小红花。在听孩子说这件事时，我并没有因为孩子受到批评而指责他，而是耐心地听他说完整件事，然后帮助他分析事情的原委，并告诉他，老师并不是要故意和他作对，而是学校的规定就是那样，要理解和接受。在我的疏导下，田田郁闷的情绪很快消失得无影无踪。

为此，我想对那些经常居高临下且没耐心倾听孩子说话的父母说："当孩子说话时，我们一定要给予孩子尊重，即拿出平等而温和的姿态，耐心倾听孩子诉说。"

以平等的姿态耐心倾听孩子的话是尊重孩子的表现，这相当于给孩子的心灵敞开了一扇明亮的窗户。孩子渴望表达，渴望被理解，如果我们能拿出平等的态度耐心地倾听孩子说话，那么孩子就会更加信任我们，把内心的想法倾诉出来，哪怕有些为难的事，孩子也会说给我们听。而如果我们对孩子的话不重视，甚至对其严加指责，孩子的表达之门就很容易关闭，而一旦沟通的通道被堵塞，再想要疏通就比较难了。

为此，我们要做一个高明的倾听者，每天都应该问自己这样一个问题："今天，我有平等、耐心地倾听孩子说话吗？"

把握倾听时机，给孩子倾诉的机会

除了放低姿态、保持耐心和爱心之外，倾听孩子的话时把握好时机也很重要。倾听的主要目的是了解孩子的心声，如果我们能把握恰当的时机，就能很容易走进孩子的内心世界。比如，孩子哭泣时最伤心、脆弱，这时选择倾听，会更容易让孩子倾泻情绪，吐露心声。诸如这样的倾听时机还有很多，我们一定要善于把握，给孩子倾诉的机会。

孩子哭泣时，倾听是最好的陪伴

毫无疑问，孩子经常会因为一点小事而哭闹，而我们面对号啕大哭的孩子时往往会感到心烦意乱，甚至大为恼火。我们想要止住孩子的哭声，一般情况下会这么说："不要再哭了，就这么点小事……"而如果脾气不好，就会大声呵斥："不准再哭了，再哭把你送走！"

通常这样的方式还是有用的，孩子会很快安静下来，但是我们细心一点儿就会发现，这样仅仅是止住了孩子的哭声，其实孩子的情绪仍然十分低落，甚至在很长一段时间里打不起精神，不爱说话，不爱搭理人，因为孩子的内心仍然在哭泣。

孩子哭泣是有原因的，我们不该无缘无故地、粗暴地制止孩子哭泣，而是应该给予他倾诉的机会。不打断他的哭泣，这样孩子的烦恼就会随着哭泣逐渐消散，而哭泣也会随之停止，更重要的是，孩子还会在哭泣中治愈创伤，变得越来越自信，越来越坚强。

3岁的莹莹刚上幼儿园，或许是因为幼儿园陌生的环境，每次送莹莹去幼儿园都是一件痛苦万分的事，因为每一次与妈妈告别，莹莹都会紧紧抓着妈妈的手不放，任凭妈妈怎么劝告，莹莹就是一个劲儿地哭泣。

"莹莹，听话，该上幼儿园了。"

"不要，不要，我不要离开妈妈。"

"乖，妈妈下午下班就来接你。"

可是妈妈的安慰并没有用，莹莹还是止不住地哭泣。妈妈没办法，只好轻轻搂住莹莹，让莹莹倾诉和妈妈分离的痛苦。就这样，静静地等待之后，莹莹终于停止了哭泣，然后看看四周，接着点头同意去幼儿园了。

第二天，在送莹莹进幼儿园校门时，莹莹仍是哭闹着不进去。妈妈没有责怪女儿，仍然是把女儿抱在怀里，耐心地等待女儿调整好内心的状态，等到女儿不哭泣了，妈妈才温和地问："莹莹，准备好进校门了吗？好多小朋友都等着你呢。"莹莹揉了揉眼睛，点了点头。

第三天，妈妈用同样的方式缓解女儿的分离焦虑，不过这一次，妈妈只用了15分钟，莹莹便点头同意进校门了。

......

就这样，到了第五天，在和妈妈分别的时候，莹莹没有哭，而是用力地抱了妈妈很长时间，然后说："好了，妈妈，我要去幼儿园了，下班早点来接我。"妈妈欣慰地点了点头，她知道，女儿终于跨过这道门槛了。

莹莹哭闹着不想离开妈妈，不想去幼儿园，妈妈没有强制女儿进校门，也没有斥责女儿的哭闹行为，而是静静地陪着孩子，倾听孩子的哭泣，慢慢地，孩子将分离的焦虑、愁苦情绪倾泻出来，变得自信、坚强起来。

当孩子哭泣时，我们要给予孩子安慰，而最好的安慰就是倾听。我们可以轻轻地搂住孩子，看着孩子的眼睛，倾听他的诉说。而随着哭泣，孩子的不良情绪会逐渐得到疏解，与此同时，孩子在宣泄心中的委屈和悲伤时，能敏锐地感受到我们的反应：我们关切的眼神，我们温柔的触摸和轻抚，我们温暖的拥抱，等等。并且，我们的这些关怀都会深入孩子的心田，让孩子感受到关怀和温暖。

当然，作为一个合格的倾听者，我们要掌握一些倾听孩子哭泣的基本要点。帕蒂·惠芙乐在《倾听孩子：家庭中的心理调适》一书中告诉我们，当孩子哭起来，我们准备倾听时，起码应该做到以下几点：

（1）检查孩子与环境安全，即检查孩子身体方面是否受到损伤，或环境是否有危险，如有，应该立刻采取相应的措施。

（2）不要流露出不安的神情，也不要给孩子忠告。

（3）靠近孩子，轻轻地搂住他，让你们的目光相接。

（4）和蔼地请孩子把烦恼告诉你。

（5）如果你发现孩子害怕某个特定的事物，向他保证你一定保护他，不让他受到伤害。

（6）不要对孩子的情绪下结论。

（7）允许孩子畅快地哭，不要有时间限制。

（8）孩子大哭一场后或许需要睡一觉。

（9）倾听过孩子充分哭泣之后，注意发现孩子新增长的领悟力、热情和创造力，以及他更加充满活力的游戏。

总之，对于我们来说，当孩子哭泣时，倾听孩子的哭泣不是一件容易的事，而要做到用心倾听，不打断他的哭泣就更难了，这需要我们持之以恒，也需要我们和孩子建立良好的倾听关系。

孩子愤怒时，倾听比发火更管用

作为父母，我们可能会有这样的感触：孩子一天天长大，脾气也跟着长，有时甚至对我们发脾气。通常来说，当我们面对一个正在发怒的孩子时，第一感觉是紧张和焦虑，因为我们不知道怎么应对孩子的这种情绪。有的父母会对孩子大吼大叫，然而这种处理方式只会加剧亲子关系的紧张。

假期的时候，妈妈给星星报了钢琴班，还特意给星星买了一架电子琴，可是星星不愿意学，最后她向妈妈提了一个要求：每天练完琴，看半个小时的动画片。为了让星星踏实学琴，妈妈欣然同意了。

星星是个动画迷，每次到了看动画片的时候，看着星星入神的样子，妈妈总是忍不住念叨几句："练琴的时候不见你这么上心，看动画片倒是很积极，要是练琴也有这股劲儿就好了。"

有一天，星星练琴的时间晚了一些，动画片快要开始了，星星对妈妈说："妈妈，我看完动画片再练琴吧，动画片要开始了。"

"不行，好好练完琴再说。"妈妈有点反感。

"哦。"星星有点不开心，埋着头开始练琴，可是星星一心想着动画片的事，当天正好是一个很重要的剧情，星星开始心不在焉起来，一首很熟悉的曲目弹错了好几次。妈妈生气了，对星星说："不好好练琴，以后看动画片的时间取消。"

面对妈妈突然的禁令，星星小脸憋得通红，一副很愤怒的样子，对妈妈吼道："凭什么？我就要看！"

"你试试看，我还治不了你了！"妈妈也很生气。

"你们大人就知道欺负小孩。"说完星星一拍琴键，哭着跑了出去。

第八章 把握倾听时机，给孩子倾诉的机会

应对孩子的怒火真是一件麻烦事，尤其是当这怒火由我们引起时。面对孩子的怒吼，我们很难保持一颗理智的心，例子中，星星因为自己看动画片的权利被剥夺而感到愤怒和不公，冲妈妈发火，而妈妈则是被星星不听话的表现气昏了头，对孩子大吼大叫，结果孩子哭着跑了出去。

其实，用愤怒应对孩子愤怒情绪的做法，不仅不利于问题的解决，还会加剧亲子间的冲突，比如有些父母会冲孩子发火，甚至摔东西。当然，有些父母会温和一些，会想到和孩子讲道理，可是愤怒中的孩子是很难听进去大道理的。

那么，当孩子愤怒时，我们究竟该怎么做呢？答案是倾听。愤怒的孩子看起来气势汹汹，其实他的内心是惊恐不安和悲伤的，是需要我们的帮助的，而倾听能让我们保持心平气和的心态，能让孩子得到发泄内心怒气的机会，能让孩子知道我们是关心他的，而当孩子的愤怒情绪得到疏导后，情绪就会渐渐稳定下来，这时再去跟他讲道理，他就会更容易接受。

当然，倾听要掌握一些原则和技巧，这样倾听才会更有效。下面是倾听的基本要领，仅供大家参考：

（1）首先要估量一下自己的心境，检查自己此刻头脑是否足够冷静。

（2）面对孩子的愤怒甚至是攻击，要给予他温暖和关怀。

（3）如果孩子试图避开我们，请坚持留在孩子身边继续倾听。

（4）试着用温和的语气询问他发火的原因，尽可能了解问题的本质。

（5）克制住自己斥责或批评孩子的欲望，做到少说多听。

孩子发脾气时，听听孩子的解释

养育孩子虽然让我们体验到为人父母的快乐，但也为我们带来百般烦恼，其中最让人头疼的是孩子发脾气。面对孩子的大呼小叫、撒泼打滚，我们很难不发火，很难不去批评斥责。当然，与此同时我们也会产生一种挫败感，会感觉自己的教育很失败。其实，我们不必为此烦恼，因为如果我们换一种态度，选择去倾听，也许就会发现，孩子发脾气并不是简单的调皮或是情绪宣泄，而是另有原因。

周一早上起床时爸爸看了一眼天气预报，26℃！

"沫沫，今天天气有些热，咱不穿秋裤了。"爸爸一边给孩子找衣服，一边说。

"不，我要穿秋裤。"沫沫一本正经地拒绝了爸爸。

"你看，今天温度这么高，如果穿秋裤，中午你会捂得很难受。"爸爸把手机上的天气情况给沫沫看。

"不嘛，我就要穿秋裤。"沫沫又回绝了爸爸。

"你妈不在，你就得听我的！"爸爸觉着沫沫是在故意发脾气，有些生气了。

"不穿，不穿就不穿！"沫沫发脾气了，把床上的衣服都踢到了地上。

父子俩争执不下，眼看一场"战争"就要爆发了。爸爸看了看时间，快要迟到了，实在没办法，只好妥协："好吧，你能给我一个理由吗？"

"因为……因为我怕午睡的时候，同学看到我的内裤。"看到爸爸态度缓和了下来，沫沫也放下了攻势小声说。

听了孩子的解释，爸爸莞尔一笑，原来孩子不是故意胡乱发脾气的，而是怕羞，幸好自己收住了脾气，听了孩子的解释，否则就会误会孩子了，那么就等几天吧，等所有男生都穿小裤衩午睡，他就不会那么害羞了吧。爸爸心里这样想着，便答应了沫沫穿秋裤的要求。

当孩子发脾气时，父母通常会不问原因就斥责，认为这是孩子无理取闹的表现。其实，孩子不会无端地乱发脾气，如果我们能换种方式，采用倾听的态度去了解孩子发脾气的原因，就会发现，有时不是孩子蛮不讲理，而是我们会错了意。就像例子中沫沫坚持要

第八章 把握倾听时机，给孩子倾诉的机会

穿秋裤一样，并不是爸爸先前猜想的无理取闹，而是因为怕午睡的时候被其他男孩子看到而害羞。

所以，当孩子发脾气时，我们切忌用自己的主观臆断去解释孩子的行为，更不能对孩子乱发脾气，甚至斥责打骂，而是应该有足够的耐心和冷静的头脑去倾听。当孩子发脾气时，小则发火，大则摔东西、哭闹或是撒泼，这是孩子消除自己挫败感的一种方式。作为父母，我们需要做的就是在他身边保证他的安全。一般来说，只要我们能坚持5～15分钟，孩子发脾气的过程就会过去。而当孩子平静下来后，我们可以视情况询问孩子发脾气的原因，但绝不能猜测和催逼，因为这会破坏孩子对我们的友好和信任。

当然，我们难免会碰到一些特殊情况，比如在公共场所，孩子突然发脾气，这时最好的做法是把孩子带离现场，带到一个较为隐蔽的地方，以便我们能控制局面，比如屋子的角落、行人较少的走廊等地方。然后再尝试倾听孩子的解释，和孩子沟通，很多时候，这个方法很有效。

孩子害怕时，倾听孩子的恐惧

　　孩子降生时对这个世界几乎一无所知，并且在很长一段时间里，他们都要学着去感受和理解这个世界。与此同时，他们也期待得到父母的爱、温情和理解。

　　而对于这一切，我们想尽办法给予，我们自认为自己做得很完美，可是当某些不能理解的事情发生，或是受到突如其来的攻击和伤害时，孩子还是会感到恐惧，而这份恐惧感是我们代替不了的。比如父母的争吵、大人的取笑、电视节目中的暴力、睡梦中的恐怖情景等，都能使孩子受到惊吓。

　　一天晚上，浩浩突然从睡梦中坐起来，大声地哭叫，一脸的惊恐。爸爸妈妈被浩浩的惊叫声惊醒，关切地问："怎么了，浩浩？"浩浩没有回答，妈妈猜想浩浩肯定是做噩梦了，于是赶紧把灯打开，把浩浩搂在怀里，轻轻地抚摸他的头，并亲吻他的额头。感受到妈妈的温暖，浩浩这才慢慢地恢复了过来，紧紧地抱着妈妈不说话。

就这样静静地过了几分钟，妈妈又试着问："浩浩，能告诉妈妈你梦到什么了吗？不要怕，妈妈一直在你身边呢。"

浩浩这才断断续续地说："我刚才看到一个黑漆漆的洞口，我想看看里面有什么，结果突然就掉下去了……妈妈，我好害怕。"

"好了好了，都过去了，那只不过是一个梦罢了，爸爸妈妈都在你身边呢，不管遇到什么事，有爸爸妈妈保护你，还有什么好害怕的呢？"听完浩浩讲述刚才的梦境，妈妈试着安慰浩浩。

"爸爸也会在浩浩身边守护浩浩的。"爸爸也说。

"嗯，爸爸妈妈最爱我了，会保护我的。"浩浩仿佛找到了信心，不再害怕了，很快便进入了梦乡。

小孩子做噩梦是很常见的事，不过很多父母对此不以为意，觉得只不过是做个梦罢了，于是会轻描淡写地说："有什么好怕的，不过是个梦罢了。"然而，我们应该明白的是，小孩子由于心智不成熟，其心理承受能力远不及大人，很容易受到惊吓。而例子中浩浩妈妈的做法很值得我们学习，当浩浩被噩梦吓醒后，妈妈选择了倾听。其中一些细节的做法很值得我们借鉴，比如把孩子搂紧，轻抚孩子，亲吻孩子的额头，并静静地等待孩子情绪稳定，之后鼓励孩子讲出梦境的内容，释放孩子内心的恐惧，接着再告诉孩子，不管遇到什么事，自己都会在他身边保护他，这样就给了孩子安全感。

　　噩梦只是孩子恐惧的对象之一，孩子在成长过程中，还会遇到其他令其恐惧的事情。作为父母，我们能做的就是陪伴在孩子身边，并耐心地倾听，这样孩子的内心就能得到安慰和放松。而当孩子正视并处理了恐惧感后，我们会发现，外在的世界在孩子眼里仿佛变了样，你会看到他会以一种新的领悟去观察、倾听和接触事物，变得比以前更勇敢、更坚强。

　　当然，当孩子陷入恐惧时，我们需要掌握倾听的基本步骤，这样才能让倾听事半功倍：

　　（1）紧紧地把孩子搂在怀里，轻拍他的背，亲吻他的额头。

　　（2）心平气和地允许孩子挣扎、发抖和哭泣。

　　（3）了解孩子恐惧的来源，认真倾听孩子的讲述。

　　（4）给予孩子言语上的安慰，激起孩子的自信。

安排专门的时间，倾听孩子的话

在家庭教育中，很多父母因为忙于各种事务，总是很难挤出时间来和孩子单独相处，更别提倾听孩子的话了。其实，和孩子在一起娱乐、交流是亲子关系的核心，如果我们忽视了这一点，很可能会导致亲子关系出现问题。因此，在平时我们一定要安排专门的时间，去倾听孩子的情绪和情感需求。

在安排专门时间倾听孩子说话时要注意以下事项：

1. 为自己和孩子安排一段独处的时间

这段时间可长可短，可以是一上午的游戏时间，也可以是短短二十分钟的交流；时间点没有限制，可以是一天当中的任何时间，如午睡的小憩时光，晚上睡前的一小段时间等。但不管怎样，这段时间一定是专门为自己和孩子打造的。这就需要我们做到在这期间全身心投入孩子身上，放下手里的事情，只和孩子在一起。

2. 放下手中的权利，把支配权还给孩子

在平时，大多数父母都喜欢用各种方式来支配孩子，比如要孩子去写作业，要孩子去刷碗，要孩子收拾衣服……孩子是乖乖听我们的了，可是孩子的内心世界究竟是怎样的，我们无从得知。现在我们要换一种角色，让孩子来安排我们的活动，比如我们可以问孩子："你需要我做什么呢？"孩子可能说需要你陪他一起玩，陪他一起做作业，等等。在这个过程中，孩子会感受到交流的平等，这时他们往往更愿意吐露内心的想法。

3. 给孩子赞赏和肯定

在陪伴孩子的过程中，我们要把对孩子的关心、赞赏和肯定表露出来，比如在玩游戏时，获得了小小的胜利，这时给他一个称赞的眼神，或是朝他竖起大拇指，都会让孩子兴高采烈，并乐意和我们分享他的成功和快乐。总之，我们要利用赞赏的艺术让孩子对我们产生好感，从而让孩子分享他内心的感受和想法。

4. 尽量克制自己，避免说教和冲突

一些父母打心底里想和孩子和谐相处，可是真正和孩子待在一起时总是避免不了唠叨、说教，把原本应该欢乐的氛围搞得很僵。倾听孩子的话很重要的一点就是少说多听，因此，我们要学会放下

对孩子有失偏颇的成见和看法，避免烦人的唠叨和说教，真正和孩子融到一起。

比如，当忍不住说教或是发脾气时，可以先离开孩子，给自己几分钟的冷静时间，然后等到情绪冷静下来了再去和孩子沟通。或者深呼吸几次，告诉自己要冷静，要用理性的态度看问题，这样就能在一定程度上避免冲突。

第九章

带着问题倾听，掌握倾听当中的回话技巧

当孩子兴致勃勃地向你讲述学校里的"趣事"（在我们看来是琐事）的时候，你是积极回应孩子，还是心不在焉地用"嗯""哦""好"等敷衍了事？在倾听孩子的话时，我们通常会犯一个错误，即总是习惯用敷衍的态度对待孩子的讲述，不懂得积极回应孩子，这样就容易造成一个结果：孩子觉得我们根本没兴趣听，也就失去了继续讲下去的兴趣。为此，在倾听时，我们一定要"动"起来，不仅要认真倾听孩子的讲述，还要积极回应。

积极回应孩子的话

我们都希望孩子爱说、敢说，可是当孩子真正向我们诉说一件事情时，我们给过孩子积极的回应吗？想必很多时候我们都是以"嗯""啊""哦"等回应孩子的，其实这属于形式上的回应，而孩子需要的不仅仅是形式上的回应，他们更需要的是实际性的建议和帮助。

所以，当孩子向我们传递"表达"的信号时，我们不仅要注意自己的态度和回应方式，还要给孩子一些具体的提示和帮助，给予孩子真正的回应。

昊昊每天都和邻居的小女孩莉莉玩耍，两个人是要好的玩伴。有一次，莉莉新买了一套玩具，昊昊很羡慕，莉莉大方地拿给昊昊玩。可是等到玩了一会儿，莉莉反悔了，要把玩具要回去。而这时昊昊正玩得起劲，不愿意还给人家，结果两个孩子因为争夺玩具吵了起来。昊昊因为力气大，紧紧抱着玩具不撒手，莉莉力气小，抢来抢去抢不到，于是坐在地上大哭起来。昊昊不知道该怎么办了，向妈妈投来求助的目光。

妈妈走了过去，并没有责怪昊昊，而是先把莉莉扶了起来，再尝试着和儿子沟通："妈妈刚才看到你们俩玩得很好啊，现在怎么一个伤心，一个哭了呢，能跟妈妈说说吗？"

看到妈妈没有生气，昊昊便向妈妈讲述了事情的经过。妈妈听着孩子的诉说，不时地用"嗯""哦""啊"等回应孩子。听完了昊昊的讲述，妈妈说："妈妈看得出你很喜欢这个玩具，而且莉莉也答应了让你玩，但是莉莉也很想玩呀，你看现在莉莉多伤心呀，你觉得怎样才能让莉莉不伤心呢？"

"那我把玩具还给莉莉吧。"听了妈妈的话，昊昊很乖巧地把玩具还给了莉莉。

　　当昊昊和莉莉因为争抢玩具发生了矛盾时，昊昊没了主意，向妈妈投来了求助的目光。妈妈积极给予回应，询问了昊昊事情的经过，而且对于昊昊的行为，妈妈并没有评判，也没有命令昊昊把玩具还给莉莉，草草了结这件事，而是给予了孩子提示和启发，让孩子找到了解决问题的方法，这其实是对孩子真正的回应。

　　当孩子向我们讲述一件事时，一方面，我们要及时给予孩子形式上的回应，让孩子明确我们在认真听他讲话，可以用简单的字词回应，如"嗯""啊""好""没错""是的""真是"等。当然，相比简单的词语，用句子更为合适，如"宝贝，请讲，我在认真听""好，继续讲，我觉得很有趣""原来是这样""你能再多说一些吗"之类的句子。

　　另一方面，我们要给予孩子一些实际性的指导和帮助。不过，最好不要直接给孩子具体的建议，因为这样会阻碍孩子独自解决问题的能力的发展。可以试着给予孩子一些提示和启发，就像案例中昊昊妈妈那样。当然，我们不是万能的父母，并不是任何时候都能给孩子提供一些实际性的帮助。不过，即使不知道怎样回应，也应该认真地对孩子说："谢谢你给我说这么多，我相信你说的都是自己的切身体会，我暂时还没有什么想法，需要好好思考，有了想法再告诉你。"

用反馈式倾听给孩子回应

倾听孩子的话时，怎样做出恰当的回应是一门学问，并不是简单地点点头，对孩子说几个表示我们在听的词语就可以了，而是要根据孩子的话语，结合自己的理解，给出反馈式的回应。这些回应包括孩子内心的真实想法和感受，也包括我们对孩子陈述内容的看法和理解。这种倾听方式叫作"反馈式倾听"。下面我们来看看具体的例子。

孩子回家后一脸气愤地说："我再也不参加英语演讲比赛了，我明明讲得很好，却没有拿到第一名！"

情景A：

妈妈看到孩子这么生气，急忙安慰："不气，不气，不参加就不参加，不至于为了这点小事生气。"

"妈，这不是小事，这可是我看重的英语比赛啊。"

"不管大事小事，我只知道气大了伤身。"

孩子想说什么，但感觉妈妈一点也不理解自己，索性什么也不说了。

情景B：

妈妈看到孩子生气的样子，想要安慰孩子一番，不过，她是这样回应的："努力了这么久，却没有拿到第一名，你感到气愤、不公，妈妈能理解，不过，你应该明白别人也同样付出了艰辛的努力，何况你喜欢英语演讲，难道会因为一时的气话而拒绝参加以后的比赛吗？"

"妈，还是您了解我，那我下次一定要更努力才行。"看到妈妈这么理解自己，孩子的情绪缓和了下来。

"嗯，学习可不单单靠聪明，也得拼努力和用功程度哦。"

"嗯，我知道啦。"

原来妈妈理解我啊，我要继续努力才好。

在这两组对话中，两位妈妈都是在关心孩子，安慰孩子，可是用的方式不一样，情景A中没什么技巧可言，而情景B中运用了反馈式倾听去回应孩子，最后两组的结果相差甚远，这便是反馈式倾听的妙处。由此，我们可以看出，反馈式倾听的关键在于抓住孩子的真实想法和所要讲的事情的真相，并加以阐明，这样，孩子就会感到我们理解他了。

　　人与人交流、沟通时所做出的反应可以分为封闭式反应与开放式反应。封闭式反应是指倾听的人并没有真正地在听，或者虽然在听却并不了解说话人的意思和感受；而开放式反应是指倾听的人不仅听到了对方的话，还懂得话中隐含的感受信息，而说话者也能感受到倾听者明白他的意思。可见，反馈式倾听就属于开放式反应。我们来看下面的例子：

　　孩子因为没有小伙伴找他玩，向妈妈抱怨："豆豆和其他小朋友也不过来找我玩，真是太无聊了。"

　　情景A：

　　"嗯，每个人都有自己的事，我们不能奢求好朋友无时无刻不在我们身边。"妈妈似乎想要阐述一番大道理。
　　"我知道，可是我感觉还是很糟糕。"
　　"你知道的，有些事情并不总是朝着我们希望的方向发展，这就是生活的一部分。"
　　"妈妈，您真是……"
　　孩子受不了妈妈的大道理，转身回房了。

情景B：

"这样说的话，是不是有一种被遗忘的感觉呢？好像大家都没注意到你。"妈妈试着问。

"是啊，不知道大家都在忙什么，不来找我玩。"

"所以你不仅仅是无聊，还很孤单吧？"

"嗯，连一个小伙伴都没有，真是糟糕透了。"

"好吧，那为什么不去找找看呢，你有很多小伙伴的。"

"对，我可以去找他们啊。"

听完妈妈的话，孩子兴高采烈地去找小伙伴了。

情景A中妈妈的回话没有接受并表达孩子的感受，而是想要通过大道理开导孩子，属于封闭式反应，结果孩子很快主动结束了谈话。而情景B中妈妈的反应抓住了孩子的感受，表示接受和关心，属于开放式反应，结果孩子说出了更多内心的想法，并愉快地接受了妈妈的建议。

其实，不管从哪个角度来讲，反馈式倾听注重的都是抓住孩子的情感和情绪，目的是让孩子知道自己的话被听进去了，并且受到鼓励，从而继续讲下去。想要运用这一方法，需要父母有非常敏锐的心理感受和一定的情感表达能力。

对孩子的话表示出浓厚的兴趣

任何人在讲话时，都希望有一个好的听众，希望听者对他的话感兴趣，孩子更是如此。如果我们能对孩子的话表现出浓厚的兴趣，往往能给孩子莫大的鼓励；而如果我们是一副不感兴趣的样子，则可能让孩子心灰意冷，备受打击。

虹虹蹦蹦跳跳地回到了家，兜里装着一把糖果，她要和妈妈分享一个大新闻。

情景A：

"妈妈，妈妈，您猜我手里是什么？"虹虹把糖果藏在手里，让妈妈猜。

"猜不着。"妈妈随口答道。

"好吧，您看。"虹虹把手掌打开给妈妈看。

"不就是几颗糖果嘛。"妈妈不以为然。

"这可不是普通的糖果哟，是我们英语老师结婚了，发给我们的。"虹虹解释道。

"哦，喜糖也是糖，没什么不一样的。"妈妈轻描淡写地说。

看到妈妈根本没兴趣听，虹虹一脸扫兴地回房了。

情景B：

虹虹把兜里的糖果藏在手里，伸出手来让妈妈猜。

"是……硬币？"妈妈试着猜。

"不对啦，您再猜。"

"是……纽扣？"妈妈想到女儿喜欢收藏纽扣。

"也不是啦，哎呀，给您看吧。"虹虹把手掌打开。

"原来是糖果呀。"妈妈一副恍然大悟的样子，继续说，"不过看你神秘的样子，这糖果里还有故事？"

"嗯，这正是我要告诉您的特大新闻。"虹虹兴奋地说。

"快说说看，是什么特大新闻？"妈妈好奇地问。

"我们英语老师昨天结婚了，就是那个个头矮矮的、胖胖的英语老师，没想到他这么快就结婚了……"虹虹兴奋地大声说着，那神情，仿佛她是全世界第一个知道这个消息的人。

"是吗？快跟我说说怎么回事。"妈妈饶有兴致地说。

"我们英语老师找了一个很漂亮的媳妇，听说婚礼可热闹了呢，有吹鼓手、舞狮队……"虹虹津津乐道地讲了起来。

情景A中，当孩子兴致勃勃地拿着糖果让妈妈猜，并向妈妈讲述关于学校里的大新闻的时候，妈妈淡然的反应让孩子瞬间失去了继续交流的兴趣，使得孩子很扫兴地离开了。而情景B中，妈妈不仅配合孩子猜糖果，还对孩子的大新闻表现出浓厚的兴趣，不断地积极回应孩子，打开了孩子的话匣子，使孩子滔滔不绝地讲了起来。

两种截然不同的回应方式，得到的结果也截然相反，这就给了我们启发：在倾听孩子的话时，对孩子的话表现出浓厚的兴趣是对孩子莫大的鼓励，得到鼓励的孩子能够更有效地表达自己，从而与父母进行更好的互动沟通。为此，我们想要更好地实现与孩子的思想交流和情感沟通，就要扮演好倾听者的角色，对孩子的话表现出浓厚的兴趣。

比如，当孩子在诉说时，可以用一些简单的附和性语言表达出我们的兴趣盎然，如"真的吗""太有趣了""我简直不敢相信""继续说，真是太出人意料了"等话语。

再比如，通过参与孩子谈话的方式回应孩子，其间我们可以表达一下自己的意见和看法，也可以向孩子提问，例如："这件事真是让人匪夷所思，如果换作是我，我也会搞不清楚的。""这个故事太感人了，不过就结局来讲，如果是一个大团圆就更完美了，你觉得呢？"

　　除此之外，还需要注意回话的语调、语速和节奏等，尽量让自己的回话表现出浓厚的兴趣。比如，当孩子为我们讲一个故事时，我们可以用稍微夸张的语气和语调去回应孩子，这样往往能让孩子兴趣大增。

沉默几秒后，再重复孩子的话

每当遇到特别令人厌烦的事情时，我们通常会十分夸张地发牢骚。如果能心平气和地想一想，其实事情并没有我们想象的那么糟糕。不过，被各种情绪冲昏了头脑的时候，我们还是会说出类似这样的气话，"再也不去了""再也不见面了""再也不跟他说话了"。

不仅大人如此，孩子也是一样，再加上孩子的情绪管控能力本身就较弱，很容易因为一时头脑发热而说出一些让人气急败坏的话。比如，孩子从兴趣班回来气恼地说："我不去绘画班了，再也不去了。"这时你会怎么回答孩子呢？来看看下面这两位爸爸是怎么做的。

情景A：

听到儿子这么说，爸爸很生气，花了那么多钱和精力培养孩子的兴趣爱好，结果他却说再也不去了，再也不学了。

"你说什么？再说一遍！"爸爸的嗓门提高了三度。

"我不想去绘画班了，再也不想学画画了！"孩子本想告诉爸爸为什么这么说，可是看到爸爸发脾气，自己不知道为什么也控制不住发起了脾气。

"我花了那么多钱和精力，现在你却说不去了……"爸爸劈头盖脸就是一顿呵斥。

"我不想去嘛……"孩子呜呜呜地哭了起来。

情景B：

听到儿子这么说，爸爸很生气，因为报绘画班费用不便宜，

—————— 第九章　带着问题倾听，掌握倾听当中的回话技巧

何况自己还花了很多精力陪孩子一起练习。不过爸爸没有立刻发脾气，而是努力让自己恢复理智：孩子是喜欢画画的，不过他为什么这么说呢？一定是遇到什么事了，我应该问问他。

于是，一阵沉默过后，爸爸温和地问："不去绘画班了，再也不去了？"

"嗯，因为美美说我画得不好看。"孩子不像刚才那么生气了。

"美美说你画得不好看？说说到底怎么回事，说不定爸爸能帮到你呢。"

"今天在课上，我画了一幅画，可是美美却说我画得不好看……"孩子开始讲述在绘画课上发生的事。

情景A中，听到孩子说再也不想去绘画班的时候，爸爸的情绪

很差，而且回应方式很不恰当，结果激起孩子的逆反心理。而情景B中的父亲也被糟糕的情绪困扰，不过我们看到，孩子的爸爸先是沉默了几秒钟，给自己冷静和思考的时间，接着用问句的形式重复了孩子的话："不去绘画班了，再也不去了？"孩子接起话茬，自然而然地道出了事情的原委。

其实，在情景B中，孩子的爸爸运用了一种很重要的回话技巧，即反射式倾听，在短暂的沉默过后，把孩子的话原封不动地反射回去。不要小看这种回话技巧，它可是打开孩子心门的重要方式之一。当我们在短暂的沉默之后温和地把孩子的话成功反射回去时，孩子会感觉到我们在认真倾听，在认真思考他的话，这样孩子就会很自然地打开自己的心门，向我们诉说苦恼。并且，这一回话技巧还可能加深孩子的思考："我是真的不想学绘画了吗？""我是真的不想去上学吗？""我是真的再也不想和爸爸说话了吗？"当孩子经过冷静的思考后，他就会做出理智的决定。

所以，当孩子说出那些让我们不由得想反问"为什么"的事情的时候，请务必先沉默几秒钟，去理解孩子的话，重复孩子的话，这样孩子才会向我们吐露心声。

倾听的时候尽量少说"我也是"

倾听孩子的话，一个重要方法是共情，即在倾听的同时把自己理解到的关于孩子的感受说出来，引起孩子的情感共鸣。不过，很多家长会犯这样一个错误，即在回话时说"我也是"。究竟这样说有什么不妥呢？我们来看看下面的例子。

每到周一，全家人都成了起床困难户，尤其是4岁的周周，每次都不愿起床，让妈妈十分痛苦。一天早上，周周又磨磨蹭蹭不想起，起来了又赖在家里不想走。

"妈妈，我不想去幼儿园嘛。"周周拽着妈妈的衣袖说。

"再不走就要迟到了。"妈妈催促道。

"可是我不想去。"

"和妈妈说说，为什么不想去幼儿园呢？"看孩子似乎想要较劲，妈妈只好试着倾听孩子的解释。

"幼儿园没意思啊，不能做自己想做的事，我想在家里看图画书。"

"妈妈也是这样的，有时候也不想上班，妈妈的工作也没意思，但是妈妈要赚钱养家，给你买书买玩具，还是要坚持上班。"妈妈试着用同理心的方式开导孩子。

"妈妈，那您换个工作，我也不上幼儿园了……"

"胡说什么，快点把书包背好，该走了。"

在妈妈的不断催促下，周周终于勉勉强强去幼儿园了。

这样的情景是否很熟悉？当孩子说"不想上幼儿园"的时候，很多父母都会感同身受地说"我也是"，希望这样孩子的情绪会好

些，可是我们想过没有，我们在向孩子传递怎样一种价值观呢？

"我也是，我不想工作，可是为了你，我还得工作。"看似我们是在运用"事实+感受"的技巧来减缓孩子的糟糕情绪，可是事实上，却产生了一个评判：你的这种感觉是对的，是正确的，我是有这种体会的。这会让孩子形成错误的价值观：我不想上学的感受是对的，不想上学也是对的，反正上学只是不得已罢了。除此之外，我们还会把自己的糟糕情绪，诸如无奈、厌烦等传递给孩子，结果把倾听孩子的话变成了向孩子传递情绪。

在倾听孩子的话时，反馈孩子口中陈述的事实，描述自己感觉到的孩子的感受，这没错，可是我们很容易把听到的感觉反射回去，说"我也是"。其实，这是一种错误的做法，一个真正的倾听者都懂得一点：在倾听的时候，没有"我"，只有"你"。为此，我们需要做的是说出孩子的感受，对孩子的感受表示理解，尽量少说"我也是"。

积极引导孩子，让孩子说出内心的想法

+

　　很少有父母不关心自己的孩子，我们都希望孩子能多和我们聊天，和我们说心里话，可是随着孩子渐渐长大，他们却常常把我们排在心门之外，让我们倍感挫折。其实，很多父母不知道的是，孩子很多时候是想向我们倾诉的，只不过中间隔了一层薄薄的窗户纸，而这层纸可能是所谓的面子问题，抑或是大人的权威和压力。如果我们再努力一点点儿，稍微引导一下，就能捅破这层窗户纸，让孩子把心里的包袱丢出来。

+

创造一个轻松、舒适的谈话氛围

我们都知道倾听的目的是卸下孩子的心理防线，让孩子畅所欲言，以此来了解孩子内心的想法，可是很多时候我们却不能好好地倾听孩子诉说。尤其是当孩子犯错、淘气时，我们经常一上来就把谈话氛围弄得紧张兮兮的，甚至充满了浓重的火药味。试想，在这样的氛围下，孩子又怎么会向我们倾吐真言呢？因此，要想从孩子嘴里听到我们想听的话，我们首先要做的就是创造一个轻松、舒适的谈话氛围，让孩子彻底放松下来，这样孩子自然是"竹筒倒豆子"，有什么说什么，想什么说什么了。

佑佑有丢三落四的毛病，一天上数学课时，他发现忘记带文具盒了，于是只好向同桌借，不过这一幕正好被老师看到了，老师误以为佑佑是在和同学聊天，于是批评了佑佑。回到家，佑佑很怕爸爸妈妈责备，所以一直不敢提这件事。不巧，爸爸察觉到了佑佑的异常，猜想是佑佑在学校闯了祸。

"佑佑，过来，爸爸有事要问你。"爸爸坐在书房的椅子上一脸严肃地说。

佑佑战战兢兢地走了过去，大气也不敢出。

爸爸为什么
板着脸……

"今天有没有闯祸？"爸爸开口问。

"没，没有……"佑佑结结巴巴地回答。

"我就是问问你，有就是有，没有就是没有。"爸爸嘴巴上这么说，可是从语气中能听出他很生气。

被爸爸这么一说，佑佑更不敢说话了，爸爸看到儿子这个样子，也更加肯定了自己的猜测——这小子肯定在学校闯祸了，于是

第十章 积极引导孩子，让孩子说出内心的想法

"拷问"起孩子来。可是佑佑因为紧张和害怕，对学校的事闭口不提，只是一味地回答"没有"。爸爸没了办法，正要发脾气，妈妈及时走了过来，示意爸爸不要再问了，爸爸只好叹了口气出去了。

妈妈轻轻地坐在儿子身边，温和地说："爸爸虽然严肃了些，但其实是很关心你的，问你话也没有责怪你的意思，如果犯了错改掉就好了，谁还不犯个错呢？"

"妈妈，我没犯错。"佑佑委屈地说。

"嗯，好，妈妈知道我们佑佑是个听话的好孩子。"妈妈微笑着说。

"可是，数学老师却冤枉了我。"佑佑抬起头，一脸的委屈。

"哦？能和妈妈说说是怎么回事吗？"妈妈关心地问。

"我今天上学忘记了带文具盒……"看到妈妈没有责备自己的意思，反而很关心自己，佑佑放松了下来，讲起了在课上发生的事。

"被老师冤枉一定很委屈，妈妈建议你明天向老师说清楚，相信老师会做出公正的判断的。"妈妈鼓励说。

"嗯，还有同学给我作证呢。"佑佑开始活跃了起来。

同样是问话，爸爸的威严和严肃一上来就把谈话氛围弄得很僵，所以佑佑不敢开口，生怕爸爸会责罚自己。而妈妈则用温和的话语营造出一种轻松的谈话氛围，使得佑佑不再害怕，把心中的委屈娓娓道来。

由此可见，我们想要了解孩子心中的想法，谈话的氛围很重要。如果是严肃、紧张，甚至是充满火药味的氛围，孩子是很难开口的；而如果能创造出轻松、舒适的谈话氛围，就能让谈话变得自然、亲切，为后续的交流打下一个良好的基础。

比如，我们要与孩子面对面做好聆听的准备，不要交叉手臂，以免给孩子一种居高临下的感觉；利用一些活动或是游戏，如共同散步、共同游戏等，为孩子创造舒适的表达机会；在和孩子交流时注意自己的说话语气和态度，尽量用温和的态度完成倾听者的任务，哪怕正在为孩子的事而生气，也要尽量放轻松，不要抿着嘴，更不能对孩子大吼大叫；等等。

鼓励孩子说出内心的真实想法

耐心地倾听孩子的话，孩子会感受到我们的关爱和温暖，会很自然地与我们分享内心的想法，这样我们就能对其进行明确的指导。可是，有些时候，迫于父母的权威和压力，孩子不肯把自己内心的想法告诉我们，这就需要我们积极引导，鼓励孩子说出内心的真实想法。

晚饭后，爸爸沏了一杯茶，打开了电视，刚坐好，亮亮开口了："爸爸，我想跟您说个事儿。"

"嗯，好。"爸爸端起茶水抿了一口，静静地等着儿子开口。

可是等了半天，竟没了下文。爸爸猜想儿子定是有什么事难以开口，于是把儿子拉过来，温和地说："跟爸爸说说是什么事，爸爸保证不会乱发脾气的。"

"还是算了，说了您也不答应。"儿子一副失落的样子。

"你还没说，怎么知道我不答应呢？"爸爸心情不错，继续追问，"如果说了，起码有50%的希望；如果不说，可就一点机会都没有喽。"

亮亮犹豫了一下，这才开口说："爸爸，我们能不能不搬家呀？"

"搬家？"最近和亮亮妈妈商量着搬家，可能是被儿子听到了。

"是啊，我不想搬家，这边离学校近，还有我的很多好朋友，如果搬家了，我上学要转车，还容易迟到，而且我也不想离开我的朋友……"亮亮鼓起勇气说。

爸爸认真思考了一下，觉得儿子说得有道理，于是说："好吧，你说得很有道理，爸爸会和妈妈好好商量的，我们会尊重你的，不过爸爸希望你以后有什么事不要自己憋着，要多和我们商量，只要你的想法和要求合理，我们会认真考虑的，就像现在这样。"

"嗯，谢谢爸爸。"亮亮开心地笑了。

亮亮无意中听到了父母商量搬家的事，他不想搬家，可是在他看来，这样的大事都是爸爸妈妈做主的，自己很难有发言权，所以亮亮准备和爸爸商量这件事时没有抱多大希望，欲言又止。好在爸爸积极引导、鼓励孩子，亮亮才鼓起勇气把不想搬家的原因讲了出来，并且，爸爸认真考虑了孩子的想法，给予了孩子很大的尊重。

与孩子交流时，我们会发现，孩子有时不愿意向我们诉说烦恼，更多的是把烦恼压在心里，如果这时我们不主动一点，不引导孩子把心中所想吐露出来，孩子很可能就会把烦恼一直压在心底，这对孩子的心理健康无疑是有害的。因此，当发现孩子藏有心事且不愿意向我们倾诉时，我们要成为主动倾听的那个人，积极引导孩子，鼓励孩子说出内心的真实想法。

来点幽默，让话题变得更愉快

　　想让孩子倾吐心事，真诚的态度很重要，不过我们也不必非要把话题搞得很严肃，而应在倾听孩子的话时适当来一点幽默，让话题变得活泼一些，这样就能创造一种轻松、愉快的谈话氛围，而通常孩子是很喜欢这种愉快的谈话的。

　　爸爸坐在沙发上看电视，儿子去饮水机前接水，正好从爸爸面前路过，儿子沮丧地说："爸爸，今天体育课上我挨训了。"

　　"噢，真是个悲伤的消息。"

　　"何止是悲伤，老师还对我大吼大叫。"

　　"老师发怒了？"

　　"是的，他对我说：'足球不能那样踢，那样踢像个猴子！'"

　　"这个比喻……有点滑稽，也很伤人。"

"是的，我都快气疯了。"

"被人无缘无故地训一通，是很令人气恼。"

"他没有权利这么做！"

"你觉得他不该对你吼叫？"

"是的，我讨厌死他了，恨不得踢他一脚……"

"把他倒挂在足球门上。"

"让他头朝下。"

说到这儿时，儿子笑了起来，爸爸也笑了。就这样，孩子的坏情绪一扫而光，兴致勃勃地和爸爸聊起学校里的趣事来。

儿子在学校里受到体育老师的批评，生了一肚子气，通常来说，如果我们遇到这种情况，就会耐心地听孩子倾诉，然后再给孩子讲一堆大道理。试想一下，孩子会认真听吗？而例子中的爸爸很聪慧，他没有这样做，而是用幽默的语言成功把握了话题的方向，一步步帮助孩子把坏情绪抛掉了。

孩子在成长的过程中难免会遇到很多糟心事，如何让孩子对我们畅所欲言是一项技术活。相比平淡的话语，幽默的语言更能激起孩子倾诉的兴趣，而且还能调动话题的方向，让话题朝着轻松、愉悦的方向发展，对于让孩子说出自己的心里话、倾泻情绪是很有帮助的。因此，在倾听孩子的话的过程中，我们可以对孩子的话题进行一些有趣的分析和评论，以此调动孩子讲话的积极性。

不要否定，只要同理

　　在和孩子交流时，很多父母总有一种"大家长主义"情结，即很容易随口否定孩子的看法和感受。

　　在和妈妈聊天的时候，超超和妈妈谈起了学习上的事。

　　情景A：

　　"妈妈，地理课无聊死了。"超超叹着气抱怨说。

　　"怎么会？了解天气、气象是一件多么有趣的事啊。"妈妈反驳道。

　　"就是很无聊嘛，尤其是那些糟糕的地理数字和符号，真是太让人讨厌了。"提到地理课，超超一脸的厌烦。

"你是说那些经度和纬度吗？很简单啊，记住就可以了。"妈妈不以为然地说。

"哪有这么简单嘛……"其实超超还想说自己经常把经度和纬度搞混，可是听到妈妈这么说，超超不想再聊下去了。

情景B：

"妈妈，地理课无聊死了。"超超叹着气抱怨说。

"噢，地理课很无聊啊，是什么让你觉得无聊呢？"

"我本以为上地理课可以做做实验啥的，结果却是坐在教室里上课，无聊死了！"

"那确实是挺枯燥的。"

"不光枯燥，还很让人讨厌，尤其是那些糟糕的地理数字和符号，我总是搞不清楚，记不住，还经常把经度和纬度搞混。"

　　"哦，原来是这样，妈妈这里有一个好方法，只要你记住了，就不会再把经度和纬度搞混了。"

　　"什么方法？"超超来了兴致。

　　"你只要记住'横是纬，竖是经'就可以了。"

　　"这个方法不错呢。"超超默念了几遍兴奋地说。

　　"其实，学习只要找到技巧和方法，就不会很难了，而且找寻方法的过程也很有趣，你不妨试试，自己找找。"妈妈鼓励说。

　　"嗯，我试试吧。"

　　谈论起地理课，孩子向妈妈抱怨地理课太无聊，太让人讨厌，而实际上真正困扰孩子的是学习上的问题。在情景A中，妈妈没有

认识到这一点，整个谈话过程中一直在否定孩子的想法和感受，结果孩子把本想说的烦恼生生咽了回去。而在情景B中，妈妈始终保持中立的语调，感受孩子的感受，让孩子感受到妈妈是理解他的，于是孩子道出了更深层次的烦恼——学习上遇到了困难。

在倾听孩子诉说时，我们经常犯两个类似的错误：其一是急着否定孩子的话语，不给孩子诉说、解释的机会；其二是否定孩子的想法和感受。相较于语言形式上的否定，孩子的情感得不到认同更让他感到难受，这种不被理解的交流体验会让倾听效果大打折扣，而如果我们能抱有一颗"同理心"，同理孩子的感受，则往往能让孩子倾诉更多的想法，这样我们就能了解他的需求，进而帮助他解决困难。

比如，当孩子向我们抱怨功课有多难，考试考不好的时候，我们经常会说："这有什么难的，下次努力就可以了，只要努力就能取得一个好成绩。"这样带有鼓励性质的话语看似没有什么错，可是实际上并不能带给孩子更多的安慰，反而会让孩子产生类似这样的想法：父母一点也不理解我，他们又不是学生。其实孩子这时候需要的不是否定他心情的话，而是理解他心情的话，因此我们可以这样说："功课难，考不好，心情一定很不好，你要不要说说你的苦恼呢？也许我能帮点儿什么。"相信听到这样的话，孩子的心情会好许多，也会继续把心事说出来。

让沉默不语的孩子打开话匣子

作为家长，我们都有这样的困惑：想要和孩子聊聊学校的事，却怎么也打不开孩子的话匣子，甚至问得越急，孩子越沉默不语。其实，孩子不和我们说心里话是有原因的，我们应该找到问题的症结，引导孩子把话说出来。

妈妈发现泉泉最近有些奇怪，经常闷闷不乐地一个人发呆，更糟糕的是，泉泉每天都赖床不起，很不愿意上学。妈妈刚开始以为是他睡眠不足，所以之后的几天妈妈都让他早点睡，可是问题还是没有解决。不仅如此，妈妈还发现，其实每天早上泉泉早早地便醒了，只是为了不上学才故意磨蹭的。

妈妈有些担心，问了泉泉几次，可是泉泉每次都是摇摇头什么也不说。妈妈只好打电话给老师，据老师反映，泉泉最近沉默了很多，上课也不积极回答问题，具体是怎么回事，他也不是很清楚。

孩子沉默不语，怎样才能让孩子开口呢？据妈妈观察，泉泉最近有些胆小，有时候小小的动静都会让他很惊恐，难道孩子害怕什么不敢和自己说吗？于是，妈妈花了比平时多一倍的时间来陪泉泉聊天，或是听泉泉讲学校里发生的事。与此同时，妈妈开始不断地做泉泉的思想工作，告诉他，父母是他最强大的后盾，无论什么事都不要害怕，都要勇敢。就这样，在妈妈静静的陪伴下，泉泉终于说出了自己的心里话。

原来，班上最近转来一个调皮的小男孩，正好和泉泉是同桌，泉泉的学习成绩不如小男孩，做题时经常出错，小男孩就嘲笑泉泉笨，而且小男孩还经常欺负泉泉，抢泉泉的学习用品，甚至霸占大部分的课桌，把泉泉挤到一个小角落里。有一次，小男孩抢了泉泉新买的蜡笔，泉泉生气地想要告诉老师，可是小男孩却说，老师只喜欢成绩好的孩子，像泉泉这么笨的老师是不会喜欢的，所以告诉老师也没用。不仅如此，小男孩还威胁泉泉，如果他告诉老师和父母，就把他很笨的事告诉全班同学。所以泉泉才一直闷在心里，谁也没告诉。

听完泉泉的讲述，妈妈既气愤又担忧，于是立刻找来老师和小男孩的父母，最后经过交涉，小男孩向泉泉道了歉，老师也重新安排了座位，渐渐地泉泉才恢复了正常。

如果孩子不说，父母就不知道孩子身上发生了什么，更无法帮助孩子。通常来说，孩子沉默不语，不向大人敞开心扉无非有两个原因：

其一是孩子不想说。对于不想说的孩子，主要问题出在大人身上，即大人的沟通能力或沟通意识不够。如果遇到这种情况，我们应该积极一点，主动找孩子谈话，但要注意，不要问那些让人根本没有兴趣回答的问题，如很多父母通常会问孩子："今天在学校做什么了？"这样问，孩子很可能会回答："没什么。"而如果这样问："你们最近的美工课在做哪些东西？"这样就容易打开孩子的话匣子。

其二是孩子不敢说。比如例子中我们看到的那样，孩子受到了同学的威胁，不敢把心事说给家长听。遇到这种情况，我们应该明白，孩子之所以不敢向自己吐露真言，是因为他们内心害怕，且缺乏一定的安全感。这时不要步步紧逼，而是应该告诉孩子："好吧，什么时候告诉我都行。"让孩子知道无论什么时候，我们都愿意倾听他的话。与此同时，我们应该花比平时更多的时间去陪伴孩子，让孩子感到安全、踏实，感到我们永远是他最坚强的依靠。当孩子和我们建立起很强的信任关系，感觉到内心需要倾诉的对象的时候，最终会忍不住和我们交谈。

让孩子吐露心声的五个小技巧

随着孩子一天天长大，孩子的内心世界越来越丰富，与此同时，阅历的不断增多会为其带来一些小小的烦恼，如人际关系问题、早恋问题等，并且由于种种原因，孩子并不愿意直接把心事说出来，这需要我们在倾听孩子的话时善于分辨孩子话语里的信息，并引导孩子和我们分享内心的小秘密。

以下是引导孩子说出心事的五个小技巧：

1. 先关心孩子的感受再询问

当孩子想要倾诉时，了解孩子的心情和感受比任何事情都重要，如果我们想了解更多的事情，让孩子倾吐所受到的创伤，就要先关心孩子的感受，然后再询问。比如，孩子说："我今天被老师批评了。"这时不要急着问为什么，而是应该同情孩子的感受，然后再询问事情的缘由。

2. 以别人的事情为例询问孩子

当孩子不愿意暴露自己的错误或是担心受到批评时，往往会喜欢举别人的例子，例如，"今天某某同学被批评啦""某某同学闯祸啦"，等等，当孩子这样说时，我们就要注意了，因为这些话语中很可能隐藏着这样一个事实：孩子也犯了这样的错误。这时如果我们直接问："你有被批评吗？""你有闯祸吗？"孩子很可能会为了回避自己的错误而撒谎。而如果我们先从孩子所讲的事上入手问一些问题，然后再慢慢把话题转移到孩子身上，这样迂回的方式更容易让孩子说真话。

例如，我们可以问："是因为什么事被批评呢？"孩子就会把同学被批评的事说出来（其实这很有可能就是孩子自己犯的事儿），这时我们要发表一些客观的见解，意在告诉孩子：犯错误不可怕，只要勇于认错就是好孩子。即给孩子吃一颗定心丸，接着把话题慢慢向孩子靠拢，问他："你也那样做了吗？"相信孩子会很愿意倾吐自己的错误的。

3. 告诉孩子你会帮他保守秘密

想象一下，如果你最好的朋友把你告诉她的最隐秘的事传给了其他人，你的感受是什么？你一定很生气，并表示以后再也不和他谈心了。孩子也是一样的。如果我们不善于帮孩子保守秘密，孩子自然不愿意把他的小秘密告诉我们。因此，当孩子有心事时，我们要鼓励孩子讲出来，并向他保证一定会帮助他保守秘密，这样孩子才更愿意向我们敞开心扉。当然，这个方法是建立在信任的基础上的，为此，在平时我们应该建立和培养和孩子之间的信任感，当孩子和我们分享了他的小秘密时，我们要做到坚决保守，以赢得孩子对我们的信任。

4. 给孩子诚实的赞许和奖励

当孩子做错事时，如果他承认错误，就不要再追着他的问题不放手了，而是应该先对孩子的诚实行为表示肯定和奖励，然后再进行教导，这样不仅容易让孩子接受，还能让孩子养成主动承认错误的好习惯，以此减少孩子隐瞒、撒谎的现象。

5. 给孩子写信或是利用便条

写信作为一种交流方式已经不怎么使用了，但是这种交流方式有一个好处，即完全可以避免因口语表达带来的困扰。比如，孩子有些话不好意思当面和我们说，如果我们通过信件的方式和孩子谈心，孩子会很享受这种对他来说新颖的交流方式。同样，还可以利用便条。相对于信件，便条更简单，只要在便条上写上真诚的话语，然后贴在一些醒目的位置，如冰箱、床头、墙上等地方，孩子看到后就会明白我们的意思。

你是不是一个合格的倾听者呢？下面是一个心理小测试，能帮助父母快速了解自己的倾听能力如何。

1. 孩子心里有事通常会告诉你吗？

A. 会　　　　　　　　　B. 不会

2. 你是否愿意倾听孩子的烦恼呢？

A. 愿意　　　　　　　　B. 不愿意

3. 当孩子不能很快或是很清楚地表达自己的意思时，你有耐心听他说完吗？

A. 有　　　　　　　　　B. 没有

4. 当孩子讲笑话或故事时，你会认真听或是接过孩子的话继续讲吗？

A. 会　　　　　　　　　B. 不会

5. 当孩子跟你说话时，你是否会思考该怎么答复孩子？

A. 会　　　　　　　　　B. 不会

6. 当孩子总是讲学校里发生的事时，你会怎么做？

A. 虽然没什么意思，但还是认真听

B. 太烦人了，不想听

7. 孩子和你说话时，你会及时回应还是稍微等一下才回应？

A. 及时回应　　　　　　B. 稍微等一下

8. 对于喜欢说和喜欢听，你更喜欢哪个？

A. 喜欢听　　　　　　　B. 喜欢说

计分方法

选A得1分，选B不得分，然后计算总分。

测试结果分析

0~2分：倾听能力较弱，即你并不是一个很好的倾听者，需要在倾听能力方面多下功夫。

3~5分：你的倾听能力还有待提高，你同大多数家长一样，大多时候会认真倾听孩子的话，但有时也会心不在焉，需要对孩子表现出更多的耐心。

6~8分：你很善于倾听，是一个不错的倾听者，当孩子有了困难、心事时也愿意对你说。

附录
APPENDIX

孩子最爱听的六句话

从呱呱坠地到牙牙学语，从跌跌撞撞到独立行走，父母一直是孩子成长道路上最亲密的陪伴者、倾听者和守护者，可是随着孩子慢慢长大，孩子开始独立了，有了自己的思想，很多话不再和我们说了。其实，这与父母的说话方式也有一定的关系。因此，我们在平时要注意自己的言辞，说一些孩子爱听的话，这样孩子才愿意和我们交流。

以下是孩子最爱听的6句话，希望家长在日常生活中多加运用。

1."孩子，我爱你……"

"我爱你"这简单的三个字具有温暖的治愈性，往往能直触孩子的内心。这三个字向孩子传递的信息是"我能理解你现在的感受，也愿意接受各种各样的你，调皮的你、淘气的你、可爱的你、犯错的你……总之，不管你做了什么，我都是爱你的。"

可是，在生活中很多父母不愿意向孩子吐露这份情感，甚至用批评、指责的方式来代替这种情感，"真是不长记性，你怎么不把脑袋丢了""没你这样不听话的孩子""谁家孩子像你这么调皮"……我们美其名曰爱孩子，为了孩子好，可是我们常常忽略这样一个事实，即孩子缺乏理解能力，并不能完全理解这样的爱。所以，爱孩子就大声地告诉他吧，告诉他我们爱他，希望他怎么做，不希望他怎么做，用爱和温暖影响他的言行。

2. "你力气真大/你好像又长高了耶！"

如果我们蹲下身子去看周围的世界，会发现一个不一样的世界。比如，我们进入一个陌生的环境，感受到的大多是新奇，而孩子感受到的更多是害怕，因为弱小而产生的害怕。而如果我们能够对孩子的身体力量给予"强大"的暗示，就能提升孩子的自信心和心理能量。

为此，在生活中我们要对孩子的身体力量多进行夸赞，比如从超市回来，孩子帮忙拎东西，这时我们可以夸赞他："你力气真大，像个大力士一样！"又或者带孩子买衣服，孩子试衣服时，惊叹地对他说："哇，你好像又长高了！"

3. "你真是太棒了/我为你感到骄傲！"

当孩子在纸上胡乱涂鸦时，你会夸赞他，还是会告诉他不能这么乱画呢？当孩子反复琢磨一些积木块，把地上弄得一团糟的时候，你会气急败坏地呵斥孩子，还是会夸赞他有毅力呢？其实夸赞远比批评指责更动听，因此，只要是孩子真正喜欢的，就应该给他一个大大的鼓励和赞美。

当然，这并不意味着我们要滥用赞美之词，而是要在恰当的场合给孩子适当的赞美。比如，当孩子表现出某一方面的天赋，或是对某事物有极大的兴趣时，夸一夸他；当孩子在学习上取得小小的进步时，赞一赞他。

4. "这真是太有趣、太奇妙了！"

相信大家都有类似这样的经历，当孩子发现有趣的东西或是新鲜好玩的事情时都会兴奋地拽着我们的胳膊大喊："爸爸/妈妈，快看，快看。"而父母通常是怎么回应的呢？"有什么大惊小怪的""不就是一只小鸟嘛""咋咋呼呼"……甚至有些父母忙着自己的事，不回应孩子。

其实，孩子仅仅是想和我们分享他的兴奋和快乐，或是让我们见证他的这份愉悦心情罢了，这么小小的一个要求为什么不能满足孩子呢？况且和孩子一起分享美好事物的体验还能促进亲子关系，让孩子的内心得到滋养。因此，当孩子快乐地向我们大喊"爸爸、妈妈，快看"的时候，我们都应该积极回应孩子。

5. "你这么做，一定是因为……但是……"

当孩子顶撞自己，甚至对自己说脏话的时候，很多父母会火上心头，冲孩子怒吼："反了你了，再说一句试试！"结果一场争执在所难免。而如果我们耐住性子这么说："你刚才这么说，一定是很生气，不过你的用词让我感觉很不舒服，请你以后不要再这么说了。"这样的话语既不失威严，又不会激起孩子的反抗，更容易让孩子接受。

再比如，当孩子偷偷把玩伴的玩具拿回来时，有些父母会训斥孩子："为什么偷拿人家的东西？你这个坏孩子。"这样会很伤孩子的心，即使孩子做得不对，我们也不能给孩子随便扣上"小偷"的帽子。而如果我们这样说："你把伙伴的玩具偷偷拿回来一定是因为太喜欢了，但是这个毕竟是人家的东西，我们不能随便乱拿。"相信孩子听到这样的话会明白"别人的东西不能随便拿"的道理，并且会听从我们的教导。

因此，当孩子有一些错误的言行时，不要急着发火，急着批评、指责孩子，而是应该表达出我们的接纳和理解，对孩子说："你这么做，一定是因为……但是……"这样不仅有助于问题的解决，还能帮助我们和孩子建立良好的沟通关系。

6."不管怎么样，我都会支持你！"

每个人都渴望被信任，孩子也不例外，父母的信任是对孩子最好的关心，是对孩子最好的肯定。为此，在陪伴孩子成长的过程中，自始至终，我们都要给孩子前进的信心和力量，比如孩子因为输掉比赛而伤心哭泣时，不要呵斥孩子："输了还哭泣，真没出息。"而是应该鼓励孩子："失败了没关系，我们可以从头再来，不管怎么样，我都会支持你。"相信孩子得到我们的鼓励后，就会重拾信心，并且也会感受到我们的支持与关爱，与我们的心也会越来越近。

你了解你的孩子吗

如果问大家一个问题：你了解你的孩子吗？大多数家长一定会给出类似这样的答案："当然了。""这还用说吗？""我的孩子我还不了解吗。"……

如果你也信誓旦旦地这么说，那么现在请你回答以下几个问题：

（1）你知道孩子最喜欢和最讨厌的人分别是谁吗？

（2）你能说出孩子好朋友（关系最好的一个）的名字吗？

（3）你知道孩子最喜欢的一本书是什么吗？

（4）你知道孩子最近遇到了什么使他高兴或是悲伤的事情吗？

如果你能很快地答上来，那么说明你很了解孩子的生活，孩子也愿意向你吐露心声，那么你们的亲子关系一定很融洽；而如果你犹犹豫豫或是被其中的一两个问题卡住，那么你就不能理直气壮地大声说"我了解孩子"。

其实，之所以这样发问，是因为很多父母缺乏对孩子的关注，从而导致亲子沟通出现障碍，亲子关系出现隔阂。最明显的一个现象就是，在大城市中，很多父母忙于工作和事业，和孩子的交流止于表面，缺乏对孩子的关注。当然，我们这里说的关注，不仅仅是指日常生活的点滴，还包括孩子的内心想法和需求。

比如，当孩子告诉你他的同学们都在玩某个游戏的时候，你的第一反应是什么？如果你只是下命令说："玩游戏不好，你可不要像他们一样。"那么你并没有关注到孩子的情绪和感受，也许他只不过是想和你分享他朋友圈中的新鲜事而已，却被你无情地误会了。当然，孩子这么说也可能是出于想玩的想法，但即使是这样，你也不能马上否定孩子的想法，命令他该怎样、不该怎样，而是应该试着理解孩子的需求，适当满足，适当控制。

总之，在这个繁忙、浮躁的时代，我们应该学会放慢脚步，对孩子多一点关注，多一些倾听，这样才能真正走进孩子的内心。